Die Erziehung
beginnt
vor der Geburt

Aus dem Französischen übersetzt
Originaltitel:
»UNE ÉDUCATION QUI COMMENCE AVANT
LA NAISSANCE«

© 1981 Éditions Prosveta S. A., France, ISBN 2-85566-208-7
Französische Originalausgabe

© 1983 Éditions Prosveta S.A., France, ISBN 2-85566-233-8
Deutsche Ausgabe: »Die Erziehung beginnt vor der Geburt«

© 1985 Prosveta Verlag, Deutschland, ISBN 3-89515-043-6

© 2024 Prosveta Verlag GmbH
Grabenstr. 14, 78661 Dietingen
Alle Rechte für alle Länder vorbehalten. Jeder Nachdruck sowie jede
Bearbeitung, Darstellung, Bild-, Ton- oder sonstige Ausgabe bedürfen
der ausdrücklichen Genehmigung des Herausgebers.

12. Auflage

ISBN 978-3-89515-043-2

Druck 2024: Interpress, Ungarn

Omraam Mikhaël Aïvanhov

Die Erziehung beginnt vor der Geburt

Reihe Izvor – Band 203

Da Meister Omraam Mikhaël Aïvanhov seine Lehre ausschließlich mündlich überlieferte, wurden seine Bücher aus stenografischen Mitschriften, Tonband- und Videoaufnahmen seiner frei gehaltenen Vorträge erstellt.

INHALT

Kapitel 1
Zuerst müssen die Eltern erzogen werden 9

Kapitel 2
Die Erziehung beginnt vor der Geburt 15

Kapitel 3
Ein Entwurf für die Zukunft der Menschheit 33

Kapitel 4
Kümmert euch um eure Kinder 45

Kapitel 5
Ein neues Verständnis der mütterlichen Liebe 55

Kapitel 6
Das magische Wort 73

Kapitel 7
Ein Kind braucht immer eine Beschäftigung 83

Kapitel 8
Die Kinder müssen auf ihr künftiges Leben
als Erwachsene vorbereitet werden 95

Kapitel 9
Der Sinn für das Zauberhafte soll
dem Kind erhalten bleiben 103

Kapitel 10
Liebe ohne Schwäche 113

Kapitel 11
Erziehung und Unterricht 131

Omraam Mikhaël Aïvanhov im Jahr 1945

Kapitel 1

Zuerst müssen die Eltern erzogen werden

Vielleicht stellen sich manche von euch die Frage, warum ich als Pädagoge nur sehr selten über Kindererziehung spreche. Alle Pädagogen befassen sich mit den Kindern, nur ich nicht; ich mache eine Ausnahme. Warum? Weil meiner Ansicht nach die Erziehung bei den Eltern beginnen muss.

Ich glaube an keinerlei pädagogische Theorie, sondern nur an die Lebensweise der Eltern vor und nach der Geburt der Kinder. Deshalb lag mir nie so viel daran, über die Erziehung der Kinder zu sprechen. Wenn sich die Eltern nicht einmal selbst erziehen, wie wollen sie dann ihre Kinder erziehen? Man spricht mit Eltern über die Erziehung ihrer Kinder, als ob sie wirklich vorbereitet wären, denn dann, wenn sie Kinder haben, nimmt man an, dass sie zur Erziehung auch imstande sind. Doch häufig haben sie keine Ahnung und müssen erst einmal selbst belehrt werden, wie sie sich verhalten sollen, um einen guten Einfluss auf ihre Kinder auszuüben.

Und dann werde ich kritisiert, weil man meine Vorgehensweise nicht kennt: »Pädagoge? Pah! Der ist kein Pädagoge, er spricht nie über die Erziehung der Kinder!« Solche Aussagen beweisen, dass man meinen Gesichtspunkt noch nicht verstanden hat. Solange die Eltern nicht richtig handeln, nützen selbst die besten pädagogischen Erklärungen nichts. Diese würden den Kindern sogar sehr schaden, wenn sie falsch verstanden und falsch angewendet werden.

Viele Menschen, die Kinder bekommen wollen, fragen sich nicht, ob sie wirklich die Bedingungen dafür erfüllen, ob sie bei guter Gesundheit sind und über die materiellen Mittel verfügen, um die Kinder aufzuziehen und vor allem, ob sie die notwendigen guten Eigenschaften besitzen, damit sie ihnen als Beispiel dienen und ihnen in allen Lebenslagen Sicherheit und Beistand geben können. Daran denken sie nicht. Sie setzen Kinder in die Welt, die dann, sich selbst überlassen, alleine aufwachsen, sich so gut wie möglich durchschlagen und eines Tages, unter ebenso bedauerlichen Umständen wie ihre Eltern, selbst Kinder bekommen.

Ich bin immer wieder erstaunt, wie viele junge Leute heiraten wollen, ohne dass sie daran denken, sich auf ihre künftige Rolle als Vater und Mutter vorzubereiten. Bei manchen jungen, schwangeren Frauen muss man sich wirklich fragen... Ein Kind trägt ein anderes Kind! Man sieht es am Gesicht: ein Kind. Nun, was soll dabei herauskommen? Solange man nicht dafür vorbereitet ist, sollte man lieber keine Kinder in die Welt setzen, denn sonst wird man es teuer bezahlen müssen, das kann ich euch versichern.

Ihr fragt: »Sich vorbereiten? Wie soll man sich denn vorbereiten?« Sich vorbereiten heißt, Gedanken, Gefühle und ein Verhalten haben, das außergewöhnliche Wesen in eine Familie zieht. Ja, die Einweihungswissenschaft lehrt, dass ein bestimmtes Kind nicht aus Zufall in eine Familie hineingeboren wird. Die Eltern haben es bewusst oder unbewusst – aber meistens unbewusst – angezogen.[1] Deshalb sollten sie bewusst Genies und gottähnliche Wesen herbeirufen, denn sie können ihre Kinder auswählen. Aber dies wissen die meisten nicht.

Man sollte also alles von Anfang an noch einmal überprüfen, und der Anfang, das ist die Zeugung des Kindes. Die Eltern denken nicht daran, dass sie sich monate- und jahrelang darauf vorbereiten müssen, ähnlich wie zu einer heiligen Handlung. Oft zeugt man ein Kind nach einem Abend, an dem man viel zu viel gegessen und getrunken hat. Ein solcher Augenblick wird gewählt, wenn man überhaupt noch von »wählen« sprechen kann! Sie hätten sich für einen Augenblick des Friedens und der Klarheit entscheiden können, in dem eine tiefe Harmonie sie verband. Aber nein, sie warten, bis sie vom Alkohol erregt sind und nicht mehr wissen, wo ihnen der Kopf steht! Unter solch wundervollen

Umständen zeugen sie ein Kind! Was meint ihr, welche Elemente sie ihm mitgeben? Ein Kind, das mit solchen Elementen belastet auf die Welt kommt, ist weiter nichts als das erste Opfer seiner eigenen Eltern. Also wer muss nun erzogen werden? Ich würde sagen, die Eltern und nicht die Kinder.

Wie können sich die Eltern einbilden, dass sie ihre Kinder erziehen, wenn sie ihnen zu Hause unaufhörlich das Schauspiel ihrer Streitereien, Lügen und Unehrlichkeiten vorleben? Man hat festgestellt, dass ein Baby durch die Konflikte der Eltern krank werden und nervöse Störungen bekommen kann. Selbst wenn es nicht unmittelbar beim Streit dabei war, entsteht eine disharmonische Atmosphäre, die es empfindet, weil es noch sehr eng mit seinen Eltern verbunden ist. Das Baby ist sich dessen nicht bewusst, aber es nimmt trotzdem diese Dinge auf, sein Ätherleib bekommt die Schläge.

Die Eltern müssen ihre Verantwortung klar erkennen. Sie haben kein Recht, Geistwesen zur Wiedergeburt einzuladen, wenn sie ihrer Aufgabe nicht gewachsen sind. Manche haben ein derart unbeschreibliches Benehmen, dass ich mich der Frage nicht enthalten kann: »Lieben Sie eigentlich ihre Kinder?« Dann sind sie empört: »Wieso? Ob wir unsere Kinder lieben? Natürlich!« »Nun, das glaube ich nicht, denn wäre dies der Fall, dann würden Sie Ihr Verhalten ändern und anfangen, so manche Schwächen zu korrigieren, die einen sehr negativen Einfluss auf die Kinder haben. Sie geben sich aber überhaupt keine Mühe! Ist das für Sie Liebe?«

Ich weiß, die Zukunft der Bruderschaft liegt bei den Kindern, aber trotzdem kümmere ich mich um die Eltern und will ihnen klar machen, dass sie keine Kinder in die Welt setzen dürfen, nur weil sie ihren ererbten Zeugungstrieb befriedigen wollen. Gewiss, dieser Trieb existiert, aber er muss auf eine geistigere Weise verstanden werden. Bei der Zeugung müssen die Gedanken, die Seele und der Geist beteiligt sein, um das Kind mit einer höheren Welt zu verbinden.[2] Die Menschen begnügen sich meist mit einem tierischen Dasein: Sie essen, trinken und zeugen wie die Tiere. Ihrem Tun fehlt das Geistige. Die Liebe ist für sie unwichtig, für sie zählt die Lust. Fünf Minuten Vergnügen müssen sie dann ihr ganzes Leben lang bezahlen, und auch ihre Kinder müssen dafür büßen.

Ihr wollt, dass ich mich um die Kinder kümmere? Nein, zuerst will ich mich um euch kümmern, und indem ich das tue, befasse ich mich indirekt mit euren Kindern, die ihr bereits habt oder eines Tages haben werdet.

Weiterführende Literatur

1. Siehe Band 226 der Reihe Izvor »Das Buch der göttlichen Magie«, Kapitel 11, Teil 2: »Die drei magischen Hauptgesetze«.
2. Siehe Band 12 der Reihe Gesamtwerke »Die Gesetze der kosmischen Moral«, Kapitel 14: »Durch seine Gedanken und Gefühle wirkt der Mensch schöpferisch auf die unsichtbare Welt ein.

Kapitel 2

Die Erziehung beginnt vor der Geburt

Die meisten Menschen glauben, sie könnten nur im körperlichen Bereich etwas tun, um ein Kind zu zeugen; alles Übrige, die Konstitution ihres Kindes, dessen Charakter, Fähigkeiten, Eigenschaften und Fehler, hingen vom Zufall ab oder vom Willen Gottes, von dem sie keine klare Vorstellung haben. Da sie vom Gesetz der Vererbung gehört haben, sind sie überzeugt, dass dieses Kind körperlich und moralisch den Eltern oder Großeltern, einem Onkel oder einer Tante ähnlich wird. Aber sie denken nicht daran, dass sie diese Ähnlichkeit begünstigen oder verhindern können. Und sie denken auch nicht daran, dass sie ganz allgemein zur guten Entwicklung ihres Kindes beitragen können, sowohl auf der körperlichen als auch auf der seelischen und geistigen Ebene. Aber da täuschen sie sich. Die Eltern können sehr wohl in positiver Weise auf das Kind, das sich in ihrer Familie inkarniert, einwirken.

Die Eltern müssen jedoch schon vor der Zeugung mit der Vorbereitung beginnen, damit sie einen erhabenen Geist anziehen können. Denn höhere Wesen können sich nur bei Menschen inkarnieren, die bereits einen bestimmten Grad der Reinheit und Meisterschaft erreicht haben. Für ein solches Wesen ist es unwichtig, ob es in eine reiche oder berühmte Familie kommt; oft zieht es eine bescheidene Familie vor, in der keine Gefahr besteht, dass es sich einem leichten Leben hingibt. Aber das Erbgut der Eltern, bei denen es sich inkarniert, darf die spirituelle Arbeit, für die es auf die Erde kommt, nicht behindern. Nur wenige Männer und Frauen bieten den erhabenen Geistwesen günstige Bedingungen für eine Inkarnation, und deshalb ist die Erde von so vielen gewöhnlichen, kranken und verbrecherischen Menschen bevölkert anstatt von gottähnlichen Wesen.

Die Lehre der Universellen Weißen Bruderschaft zeigt also den Männern und Frauen, in welcher geistigen Verfassung und in welcher Reinheit sie sich auf die Zeugung eines Kindes vorbereiten sollen. Sie können sogar in Bezug auf die planetarischen Einflüsse den günstigsten Zeitpunkt dafür wählen. Wie konnten die Menschen so tief sinken, dass sie ein so wichtiges Ereignis wie die Zeugung eines Kindes dem Zufall überlassen? Gerade in diesem Moment sollte man den Himmel um Hilfe bitten und die Engel herbeirufen, damit man einen starken, lichtvollen Geist anzieht, der später ein Wohltäter der

Menschheit wird. Aber nein, man sucht beim Alkohol oder wer weiß wo Unterstützung. Oft benimmt sich der Mann gerade in diesem Augenblick wie ein Tier: Er vergewaltigt seine Frau, die ihm gegenüber dann nur Verachtung, Abscheu und Rachegefühle empfindet. Ist es verwunderlich, wenn unter solchen Umständen ein Monster geboren wird?

Aber lasst uns die Frage der Zeugung ein bisschen näher betrachten. Damit ein Kind geboren werden kann, muss der Vater der Mutter einen Samen geben, den diese bis zur Reife tragen muss. Also kann man sagen, dass der Vater die schöpferische und die Mutter die formende Kraft ist. Der Same des Vaters ist eine Zusammenfassung, eine Verdichtung seiner eigenen Quintessenz. Sein ganzes Leben und Dasein kommen in diesem Keim zum Ausdruck. Deshalb hängt die mehr oder weniger gute Beschaffenheit des Samens von seiner Lebensweise ab.

Ich habe euch schon oft erklärt, dass unsere ganze Lebensweise in unserem Inneren, in unseren Chromosomen und Zellen aufgezeichnet wird. Jede Zelle hat ein Gedächtnis. Es nützt nichts, den anderen mit seinem netten, ehrlichen und großzügigen Verhalten etwas vorzuspielen, denn nur das, was man denkt und in seinem Innersten fühlt, wird aufgezeichnet und überträgt sich als Erbe von Generation zu Generation.[1] Und wenn das Krankheiten und Laster sind, die eingeprägt sind und weitergegeben werden, dann ist es für Lehrer, Schulen oder Ärzte, die das Kind heilen sollen, zu spät. Nichts zu machen, es ist zu spät! Man gibt alles weiter; und wenn das erste Kind keine Spuren davon zeigt, dann ist es eben das zweite oder dritte. Jeder muss begreifen, dass die Natur unabänderliche und wahre Gesetze hat.

Es ist also ein Irrtum, zu glauben, dass das, was der Mann der Frau im Augenblick der Zeugung gibt, immer von gleicher Beschaffenheit ist. Wenn ein Mann noch nie an sich gearbeitet hat, um sich zu erheben und reiner zu werden, gibt er der Mutter einen Samen, aus dem ein ganz gewöhnlicher Mensch – wenn nicht sogar ein Verbrecher – wird.

Nehmen wir ein Beispiel, das ihr vielleicht nicht sehr poetisch findet, das aber wenigstens klar ist: Aus einem Wasserhahn fließt Wasser, welches entweder schmutzig oder kristallklar sein kann. Wer ständig nur hässliche Gedanken und Gefühle hegt, der kann nur schmutziges Wasser geben, während ein anderer, der unaufhörlich für das Gute und für das Licht arbeitet, kristallklares, lebendiges Wasser spenden kann. Ja, ihr braucht euch gar nicht zu wundern, der Mann gibt der Frau im Augenblick der Zeugung einen Samen, der je nach seinem eigenen Entwicklungsgrad verschieden ist.

Genau wie die Saat in der Erde das Muster eines Baums oder einer Blume in sich trägt, so enthält auch der Same des Vaters den Entwurf des Kindes, mit dessen Fähigkeiten und Talenten oder im Gegenteil mit seinen Mängeln und Fehlern. Die Mutter gibt dann während der Schwangerschaft neun Monate lang die Materialien zur Verwirklichung dieses Plans hinzu. Und auch zu diesem Thema kann ich außerordentlich interessante und wichtige Dinge offenbaren.

Während der neun Monate Schwangerschaft arbeitet die Mutter nicht nur daran, den physischen Körper des Kindes auszubilden, sondern sie wirkt unbewusst auf den Samen ein, den der Mann ihr gegeben hat, indem sie günstige oder ungünstige Bedingungen zur Entfaltung der verschiedenen Charaktereigenschaften, die der Samen enthält, schafft. Wie macht sie das? Indem auch sie auf ihre Gedanken, Gefühle und ihre Lebensweise achtet. Dies habe ich die geistige Galvanoplastik genannt.

Ich will euch zunächst einmal den chemischen Vorgang der Galvanoplastik beschreiben. Auf den spirituellen Bereich übertragen, kann dieser Vorgang von höchster Wichtigkeit für die ganze Menschheit werden.

Man taucht zwei Elektroden in einen mit der Lösung eines Metallsalzes – Gold, Silber, Kupfer usw. – gefüllten Behälter. Die Anode, der positive Pol, ist eine Platte aus demselben Metall wie das in der Salzlösung enthaltene. Die Kathode, der negative Pol, ist eine Gussform aus Guttapercha, die mit Graphit überzogen ist und entweder eine Figur, eine Münze oder eine Medaille darstellt. Die beiden Elektroden werden mit Metalldraht an die Pole einer Batterie angeschlossen und dann schickt man Strom hindurch. Das in der Lösung enthaltene Metall setzt sich an der Kathode an, während die Anode sich auflöst und dadurch die Flüssigkeit regeneriert. Die Gussform bedeckt sich allmählich mit dem in der Lösung enthaltenen Metall, und man erhält, je nach Wunsch, eine vergoldete, versilberte oder verkupferte Medaille.

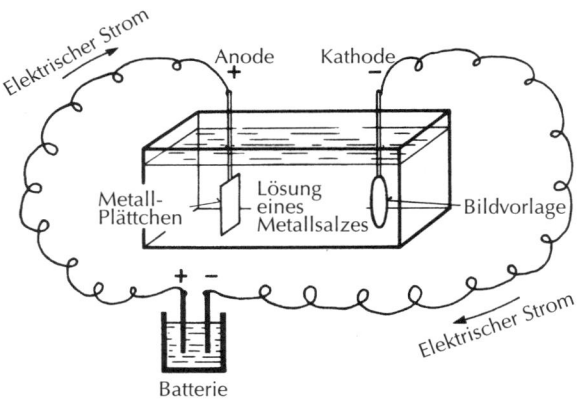

Wenn ihr die Natur beobachtet, werdet ihr feststellen, dass dieser Vorgang der Galvanoplastik überall existiert. So nimmt z. B. unser Planet, die Erde, zahlreiche Einflüsse anderer Himmelskörper auf, denn sie ist der negative Pol, die Kathode, das weibliche Prinzip. Der Himmel (d.h. Sonne und Sterne) stellt den positiven Pol, die Anode, das männliche Prinzip dar. Zwischen Erde und Sonne (oder einem anderen Gestirn) besteht aufgrund des ständigen Kreislaufs ein Austausch. Diese beiden Pole sind in eine kosmische Lösung, den Äther, getaucht. Er ist das universale Fluidum, das alle Himmelskörper umhüllt. Die Batterie, die den Kreislauf auslöst, ist Gott, und beide Pole sind an Ihn angeschlossen.

Nehmen wir einmal an, wir setzen an die Kathode, die Erde, eine Gussform, beispielsweise einen Samen. Dann ist dieser Samen in die kosmische Lösung getaucht; und wenn der von Gott ausgehende Strom ihn durchfließt, löst das den Vorgang der Galvanoplastik aus: Die in der Lösung enthaltenen Stoffe setzen sich an der Kathode, dem Samen ab, und die Anode, die Sonne – oder ein anderes Gestirn – regeneriert die Lösung, während der Samen heranwächst. Auf diese Weise zieht jedes Samenkörnchen im Boden alle Elemente aus dem Äther an, die seinem Wesen entsprechen. Diese Teilchen setzen sich am Samen ab, und er entwickelt sich je nach den Aufbaustoffen, die er selbst angezogen hat.

Das Phänomen der Galvanoplastik wiederholt sich auch in der schwangeren Frau, denn auch sie trägt in sich den Samen, die Elektroden und die Lösung. Der Same ist der vom Vater kommende lebendige Keim, die Kathode. Er trägt das Abbild des Vaters in sich. Manchmal ist dies das Bild eines Alkoholikers, eines

Verbrechers oder eines ganz gewöhnlichen Menschen, und manchmal ist es das eines Genies oder eines Heiligen. Sobald die Frau schwanger ist, kreist ein Energiestrom zwischen ihrem Gehirn – der Anode – und dem Samen. Das Gehirn ist an die Batterie – an die Quelle der kosmischen Energie, an Gott – angeschlossen, von wo es den Strom bekommt, und dieser Strom kreist dann zwischen Gehirn und Embryo. Die Lösung ist das Blut der Mutter, in der die Anode (das Gehirn) und die Kathode (die Gebärmutter) getaucht sind, denn das Blut durchfließt ebenso alle anderen Organe und Körperzellen. Im Blut sind in gelöster Form alle Stoffe enthalten: Gold, Silber, Kupfer usw.

Die Anode, der Kopf, liefert also das Metall, die Gedanken, die das Blut regenerieren. Auch wenn der Same edel ist, die werdende Mutter aber nur bleischwere Gedanken hegt, dann darf sie sich nicht wundern, wenn ihr Kind – symbolisch gesehen – in Blei gehüllt zur Welt kommt, d.h. bösartig, pessimistisch oder kränklich ist. Man muss verstehen, dass der Same lediglich die Gussform ist; selbst wenn diese ein wunderschönes Bild zeigt, verliert die Medaille ihren Wert, wenn sie aus einem unedlen Metall nachgebildet wird.

Nehmen wir einmal an, eine Mutter kennt die Gesetze der Galvanoplastik und entschließt sich, sie anzuwenden, während sie ihr Kind austrägt.

Dann legt sie, sobald sie den Samen in ihrem Leib (Kathode) empfangen hat, ein Goldplättchen in ihr Gehirn (Anode), d.h. die edelsten und erhabensten Gedanken. Durch den Kreislauf führt das Blut dem Samen ein edles Metall zu. Das Kind wächst heran, eingehüllt in goldene Kleider, und wenn es geboren wird, ist es kräftig, schön, edel und allen Schwierigkeiten, Krankheiten und schädlichen Einflüssen gewachsen.

Die meisten Mütter ahnen nicht, dass ihr Gemütszustand auf das Kind unter ihrem Herzen einwirkt. Sie kümmern sich erst nach der Geburt um das Kind und sorgen dann für Erzieher, Lehrer usw. Nein, wenn es geboren ist, ist es schon zu spät, dann hat es bereits seine Prägung erhalten! Kein Pädagoge und kein Lehrer vermag ein Kind zu ändern, wenn die vom Mutterleib erhaltenen Aufbaustoffe von schlechter Qualität waren.

Erzieher und Lehrer können viel tun, was die Bildung betrifft, aber sie können nicht die innerste Natur des Kindes verändern. Wenn diese voller Fehler ist, können selbst die besten Erzieher keine Verbesserung erreichen. Blei bleibt Blei, auch wenn ihr alles Mögliche tut, um es aufzuwerten. Ihr könnt es polieren, feilen, durchschneiden, damit es glänzt, kurz darauf wird es wieder stumpf, denn es ist eben Blei. Das Kind muss aus Gold und nicht aus Blei sein, dann können ihm selbst die schlimmsten Verhältnisse nichts anhaben, eben weil sein Wesen rein ist.

Jetzt erkennt ihr, wie wichtig es für die Frau ist, lichtvolle Gedanken im Kopf zu haben. Dank dieser Gedanken wird der Same, der in ihr heranwächst, jeden Tag reine und kostbare Stoffe aufnehmen. Auf diese Weise bringt die Mutter einen bedeutenden Künstler, einen erleuchteten Wissenschaftler, einen Heiligen oder einen Boten Gottes zur Welt. Die Frau kann große Wunder vollbringen, denn sie besitzt den Schlüssel für die Kräfte des Lebens.

Meine Mutter hat mir erzählt, sie habe mich in dem Gedanken gezeugt und ausgetragen, mich dem Dienste Gottes zu weihen. Man sagt auch, dass selbst der Pope, der mich getauft hat, an dem Tag so glücklich war, dass er sich zum ersten Mal in seinem Leben betrank. Normalerweise trank er nie! Er versicherte später, er habe nur deswegen getrunken, weil ich bestimmt ein besonderes Kind wäre, das sich von den anderen unterschied. Er machte auch eine Prophezeiung in Bezug auf mich..., aber die brauche ich euch nicht zu verraten! Dann wuchs ich zu einem kleinen Strolch heran. Ich habe euch schon erzählt, wie ich Äpfel beim Nachbarn gestohlen und Feuer in den Scheunen gelegt habe. Aber diese Streiche dauerten nicht lange, weil nur die tiefen inneren Veranlagungen beständig sind; die anderen waren nur oberflächliche, vorübergehende Äußerungen.

Aber ich will nicht behaupten, dass ich ein außergewöhnliches Wesen bin, weil meine Mutter mich Gott geweiht hatte. Man kann die Kinder zwar in den Dienst Gottes stellen, aber man weiß nicht, welche Stufe sie in der Hierarchie der Diener einnehmen werden. Die Mütter wissen es bestimmt nicht, und ich glaube auch nicht, dass meine Mutter es wusste. Die Tatsache, dass sie mich dem Himmel geweiht hatte, besagt also nichts über meine geistige Höhe. Viele Christen wurden von ihren Müttern geweiht, aber sie blieben in ihren Kirchen, ohne große Fortschritte zu machen. Nur eines ist sicher, die Eltern haben gebetet, dass ihre Kinder einen kleinen geistigen Funken in sich tragen mögen. Ein Funke kann zur Glut werden, wenn man ihn anfacht, aber er erlischt, wenn er nicht genährt wird. Soll der Funke wachsen, dann muss er – symbolisch gesehen – ständig mit neuem Holz versorgt und angefacht werden.

Es ist allgemein bekannt, dass viele Frauen während der Schwangerschaft seltsamen Wünschen und unkontrollierten Impulsen unterliegen, die sie normalerweise nicht haben. Aber den Grund dieses Phänomens kennt keiner, und den will ich euch jetzt erklären. Die schwangere Frau wird oft von bösartigen Wesen aufgesucht, die später von dem Leben des Kindes profitieren wollen. Sie treiben also die Mutter dazu, durch ein unkontrolliertes Verhalten den galvanoplastischen Vorgang völlig durcheinander zu bringen. Dies ermöglicht ihnen später, sich des Kindes zu bemächtigen, ungehindert in dessen Seele ein- und auszugehen und sich von ihm zu nähren. Dies kann man ganz schnell erkennen.

Alle Kinder, die zu mir kommen, haben mich gewöhnlich sehr gern. Drei- oder viermal ist es aber vorgekommen, dass ein Kind vor mir weglief. Keiner konnte sich den Grund dafür erklären. Ich wusste jedoch Bescheid, denn alle Phänomene, die im Leben auftreten, sind sehr klar für mich. Die Eltern waren zutiefst betrübt und unglücklich, so dass ich die Mutter aufklären musste: »Sie haben sich sicherlich während der Schwangerschaft gewisse Dinge erlaubt, wodurch Sie Wesenheiten angezogen haben, die jetzt in dem Kind nisten und es ausnutzen wollen. Diese Wesen wohnen in ihm und warten einen günstigen Augenblick ab, um sich zu manifestieren. In mir fühlen sie aber einen Feind, denn sie wissen, dass ich sie durch mein Verhalten, meine Willenskraft und meine Emanationen und durch alles, was ich dem Kind gebe, wenn es in meinen Einflussbereich kommt, verjagen werde. (Übrigens ist das alles, was ich tue, ich ersetze bestimmte Wesenheiten durch andere. Das macht mir Spaß. Seht ihr, auch ich habe mein Vergnügen!) Also handelt es sich um solche Wesenheiten, die versuchen, Ihr Kind von mir fern zu halten.« Ich gebe mich allerdings nicht so leicht geschlagen; und weil ich die Eltern gern habe, will ich ihnen helfen und führe deshalb eine bestimmte Arbeit aus. Nach kurzer Zeit lief mir das gleiche Kind, das mich vorher gemieden hatte, in die Arme. So etwas hat sich manchmal sogar vor euren Augen zugetragen, nicht wahr?

Während der ganzen Schwangerschaft muss die Mutter darauf achten, dass ihr Kind keinen negativen Einflüssen ausgesetzt ist. Durch die Kraft der Gedanken soll sie es bewusst mit einer Atmosphäre aus Reinheit und Licht umgeben, damit es vor Angriffen bösartiger Wesenheiten[2] geschützt ist. Außerdem kann sie unter solchen Bedingungen mit der Seele, die sich inkarnieren wird, zusammenarbeiten.

Im Gegensatz zu manchen Auffassungen tritt die Seele nicht während der Schwangerschaft in den Körper des Kindes ein. Das Kind lebt zwar im Leib der Mutter, sein Herz schlägt und es ernährt sich, aber die Seele ist noch nicht in seinen Körper eingezogen; das geschieht erst bei der Geburt, beim ersten Atemzug. Bis dahin hält sie sich in der Nähe der Mutter auf und arbeitet mit ihr gemeinsam am Aufbau der verschiedenen Körper des Kindes, dem physischen, dem Astral- und dem Mentalkörper.[3] Im Allgemeinen ist sich die Mutter dieser Gemeinschaftsarbeit nicht bewusst, denn sie ist weder empfindsam noch erleuchtet genug. Aber auch wenn sie die Seele nicht sieht, kann sie trotzdem mit ihr sprechen und Bitten an sie richten, indem sie sagt: »Ich gebe dir die besten Aufbaustoffe, ich will dir helfen, aber du musst deinerseits für diese oder jene Fähigkeit sorgen, damit das Kind ein Künstler, ein Philosoph, ein Wissenschaftler oder ein Heiliger wird!«

Wenn die Mutter diese kraftvollen, magischen Worte von ganzem Herzen ausspricht, dann strahlt sie bereits bestimmte Teilchen aus, die der Geist des Kindes, der sich inkarnieren will, als Aufbaustoffe für seine verschiedenen Körper benutzt. Das Kind besitzt selbst nichts, es erhält alles von seiner Mutter, deshalb muss sie bewusst darauf achten, ihm nur das Beste zu geben und ihm durch ihre Gedanken und Gefühle nur die lichtvollsten und reinsten Elemente zuzuführen.

Den meisten Menschen sind die Vorgänge, die sich in der unsichtbaren Welt abspielen, unbekannt. Aber gerade dies ist die Aufgabe unserer Lehre, sie will euch diese feinstoffliche, ungreifbare, aber reale Welt, die realer ist als die Realität selbst, nahe bringen. Sie will euch helfen, damit ihr bewusster werdet und darauf achtet, welche Schwingungen euch beeinflussen und welche Wesenheiten euch umgeben. Mit diesem Bewusstsein könnt ihr dann für das Gute arbeiten.

Männer und Frauen dürfen nie vergessen, dass ihre künftigen Kinder in irgendeiner Form ihre eigene Denk- oder Lebensweise widerspiegeln. Denn alles, was im Kopf oder im Herzen des Menschen vorgeht, verwirklicht sich früher oder später. Jeder auftretende Gedanke oder Wunsch ist lebendig, und das kommende Kind lebte bereits im Kopf oder im Herzen des Vaters oder der Mutter. Wenn also euer heranwachsendes Kind zu einem Engel wird, der euch hilft, dann war es ursprünglich ein wunderbarer Gedanke, den ihr jahrelang in eurem Inneren getragen habt, ein Gedanke, der sich in dem Kind verkörpert hat und euch durch das Kind weiterhin zur Seite steht. Wenn euch das Kind jedoch nur Ärger bereitet, dann müsst ihr euch darüber im Klaren sein, dass es sich hier um einen kriminellen Gedanken handelt, den ihr genährt habt und der sich verkörpert hat.

Ein Kind wird nicht aus dem Nichts geboren. Wenn ihr mich fragt, warum euer Kind zur Welt kam, dann antworte ich euch: »Damit ihr seht, was ihr in eurem Kopf hattet.« Genau durch ihre Kinder erkennen Männer und Frauen ihr eigenes Wesen.[4]

Weiterführende Literatur
1. Siehe Band 226 der Reihe Izvor »Das Buch der göttlichen Magie«, Kapitel 11, Teil 1: »Die drei magischen Hauptgesetze«.
2. Siehe Band 210 der Reihe Izvor »Die Antwort auf das Böse«, Kapitel 7: »Die Frage der Unerwünschten«.
3. Siehe Band 222 der Reihe Izvor »Die Psyche des Menschen«, Kapitel 3: »Von Seelen und Körpern«.
4. Siehe Band 4 der Reihe Gesamtwerke »Das Senfkorn - Symbole im Neuen Testament«, Kapitel 12: »Wachset und mehret euch...«.

Kapitel 3

Ein Entwurf
für die Zukunft der Menschheit

Es gibt alle möglichen Pläne im politischen, finanziellen, ökonomischen oder militärischen Bereich, um die nationale oder internationale Lage zu verbessern, Vorschläge mit sehr intelligenten Anschauungen, die wirklich erstaunlich und bewundernswert sind. Leider haben solche Pläne noch nie viel gebracht, weil sie eben nur den materiellen Bereich betreffen: Fortschritt in Technik, in der Produktion, beim Bau neuer Laboratorien und Universitäten, bei der Auf- oder Abrüstung usw., aber trotz allem lebt die Menschheit immer noch in der gleichen Unordnung, im gleichen Unglück. Bei all diesen Vorschlägen habe auch ich mich entschlossen, einen Plan, einen Entwurf vorzubringen. Ihr sagt: »Das ist aber überheblich, welch eine Anmaßung!« Mag sein, aber wenn sie nützlich und wirksam sind, darf jeder Vorschläge machen, auch ihr... Aber ihr werdet sehen, dass mein Plan ganz einfach ist.

Ich schlage vor, dass der Staat nicht länger Milliarden und Abermilliarden für Krankenhäuser, Gefängnisse, Gerichte und Schulen ausgibt, sondern sich hauptsächlich um die schwangeren Frauen kümmert. Die Ausgaben würden dabei beträchtlich herabgesetzt werden, und die Ergebnisse wären bedeutend besser. Ich würde also den Staat bitten, Grundstücke in den bestgelegenen, schönsten Gegenden zur Verfügung zu stellen und dort Gebäude zu errichten, für die ich dann den Stil und die Farben angeben werde. Es sollen auch Parks mit den verschiedensten Bäumen und Blumen, mit Wasserbecken und Springbrunnen angelegt werden. An solchen Orten sollen dann die Frauen ihre Schwangerschaft verbringen und dort auf Kosten des Staates ernährt und untergebracht werden.

Diese Zeit verbringen sie also in Schönheit und Poesie, sie können lesen, spazieren gehen und Musik hören. Sie können auch Vorträge hören, die sie lehren, wie sie sich während der Schwangerschaft zu verhalten haben und was sie essen sollen. Hauptsächlich wird man ihnen aber beibringen, wie sie durch ihre Gedanken und Gefühle auf das Kind, das geboren werden soll, einwirken können.[1] Die Ehemänner dürfen ihre Frauen natürlich besuchen und werden bei dieser Gelegenheit ebenfalls unterrichtet, wie sie sich ihnen gegenüber verhalten sollen, um ihnen bei ihrer Arbeit zu helfen. Bald kann dann jeder feststellen, dass die

Frauen unter solchen Bedingungen in Frieden, Ruhe und Schönheit Kinder gebären werden, durch die sich der Himmel offenbart.

Heute kommen nur sehr wenige der Seelen, die sich inkarnieren, vom Himmel. Und woher kommen alle anderen?... Die Tore sind für die himmlischen Geister verschlossen, denn sie können nicht in Körper eintreten, die in Unreinheit, Bosheit und Unordnung geschaffen wurden. Deshalb bessert sich die Menschheit nicht. Gewiss, eines Tages würde sie sich schließlich doch ändern, aber erst nach Tausenden von Jahren, nach Katastrophen und großen Leiden. Ich erkläre euch hingegen, wie eine schnelle Verbesserung erreicht und alle möglichen Qualen vermieden werden können. Die bis heute errungenen Fortschritte in der Technik, Wirtschaft und Medizin haben die menschliche Rasse nicht gebessert. Sie lebt wie vorher immer noch in den gleichen Leidenschaften, Bosheiten usw. Vielleicht ist es jetzt sogar noch schlimmer! Dennoch können sich die Menschen ändern, aber nur unter einer Bedingung: Man muss am Anfang beginnen, und zwar bei der Mutter, während sie ihr Kind in sich trägt.

Wenn ihr wüsstet, in welchen Verhältnissen schwangere Frauen oft leben! Sie wohnen in Elendsvierteln ohne Licht und Bewegungsfreiheit, sie müssen alles tun und ertragen. Obendrein kommt der Ehemann noch betrunken oder verärgert nach Hause, weil er keine Arbeit gefunden hat oder weil er von seinen Kameraden beleidigt wurde. Dann lässt er seine schlechte Laune an ihr aus oder schlägt sie sogar. Also in welcher Verfassung trägt sie dann ihr Kind?... Anstatt Krankenhäuser für solche Mütter zu bauen, sollte man lieber Verhältnisse schaffen, damit sie ihre Kinder unter idealen Bedingungen erwarten können. Nachher sollen sie ruhig in ihre primitive Behausung zurückkehren, wenn es sein muss. Später werden ihre Kinder ihnen dann Paläste bauen. Ja, eines Tages werden die Nachkommen, dank ihrer Talente und Fähigkeiten, ihre Eltern aus dem Elend ziehen.

Keiner kümmert sich darum, unter welchen Umständen die Frauen Kinder erwarten. Und wenn man nachher vor dem Problem steht, dass es dermaßen viele Geistesgestörte, Kranke und Verbrecher gibt, baut man eben spezielle Anstalten, Krankenhäuser und Gefängnisse und beschäftigt mehr Erzieher, Ärzte und Polizisten. Aber das bringt gar nichts! Auch wenn weiterhin Milliarden für den so genannten Fortschritt in Psychologie und Pädagogik ausgegeben werden, wird es nicht gelingen, die Quintessenz zu verändern, welche die Mutter in der Zeit vor der Geburt hinzugefügt hat. Nur die Methode, die ich vorschlage, ist wirksam.

Kein Erzieher oder Arzt ist imstande, das tiefste Wesen eines Kindes zu ändern. Man kann ihm ein bisschen Glanz geben, aber das ist alles. Jeder Versuch, den Charakter zu ändern, ist lediglich eine Art Dressur. Es ist genau das Gleiche wie bei den Wilden; man kann sie ein wenig erziehen und ihnen zeigen, wie sie essen oder sich kleiden sollen.[2] Aber das neue Verhalten dauert nicht lange, und sobald sie zu ihrem Stamm zurückkehren, fallen sie wieder in ihr ursprüngliches Verhalten zurück. Wenn ein Mensch ein Verbrecher oder ein Heiliger ist, kann ihn keiner ändern, vielleicht kann man ihn oberflächlich eine Zeit lang beeinflussen, aber innerlich bleibt er, was er ist.

Viele mögen einwenden, dass mein Vorschlag keine wissenschaftlichen Grundlagen hat. Nein, keiner darf meinen Plan kritisieren, bevor er ihn nicht ausprobiert hat. Natürlich, es wird sich nicht alles schlagartig ändern lassen, dazu sind mehrere Generationen erforderlich. Selbst wenn die Eltern eine großartige Läuterung an sich vornehmen, können sie sich nicht von den Schwächen und Fehlern, die sie von ihren eigenen Eltern geerbt haben, frei machen. Aber wenn sie aufmerksam sind, wird schon bei der ersten Generation das Gute überwiegen, obgleich sich bei den Kindern noch einige mangelhafte Elemente einschleichen werden. Die zweite Generation wird wesentlich besser und die dritte noch besser sein. Nach und nach verschwinden alle aus der Vergangenheit stammenden fehlerhaften Elemente. Es muss jetzt endlich intelligente und verantwortungsvolle Menschen geben, die begreifen, dass sich während der Schwangerschaft eine äußerst wichtige Arbeit in der Mutter vollzieht, und dass eine Frau, die die Gesetze der Galvanoplastik kennt, die liebevoll betreut wird und geeignete materielle Bedingungen zur Verfügung hat, nicht nur den physischen Körper des Kindes bildet, sondern auch mit Hilfe der besten Elemente dessen Astral- und Mentalkörper, d.h. den Körper der Gefühle und Gedanken bilden kann.

Leider weiß ich im Voraus, dass mein Plan abgelehnt und nicht genauer geprüft wird, denn die heutige Generation ist so stark von anderen Philosophien geformt und durchdrungen, dass in ihrem Kopf kein Platz für solche Vorschläge ist. Ich bin natürlich nicht so naiv, dass ich mir der Nachteile nicht bewusst bin, die durch die monatelange Abwesenheit der Mutter vom Haushalt auftreten können. Aber ein bisschen mehr Liebe, Verstand und guter Wille können diesem Problem leicht abhelfen.

Im Augenblick ist das Wesentliche, dass die offizielle Wissenschaft diese Ideen anerkennt, von denen sie noch weit, sehr weit entfernt ist. Der Beweis: Eine Schwester unserer Bruderschaft brachte kürzlich in einer Klinik ein Kind zur Welt. Eines Tages unterhielt sie sich mit ihrem Arzt und erzählte ihm, dass sie einer geistigen Bewegung angehöre, in der gelehrt wird, dass die Mutter durch ihre Gedankenarbeit stark auf den Embryo einwirken kann. Wisst ihr, wie der Arzt reagiert hat? Er hat schallend gelacht und gesagt: »Ach was, das sind nur Dummheiten! Was sollen die Gedanken der Mutter schon am Kind ausrichten können?« Seht ihr, auf welcher Stufe die Mediziner noch stehen! Und von solchen Leuten erwartet man nun das Licht.

Gewisse Biologen haben mit Mäusen Versuche durchgeführt und tatsächlich entdeckt, dass sich Panik- und Angstzustände während der Schwangerschaft auf die Jungen übertragen. Ja, wieder einmal die Mäuse! Man studiert Mäuse, anstatt die Frauen zu studieren, die seit Millionen Jahren Kinder zur Welt bringen. Also werden die Mäuse die Menschen lehren, was wahr und was unwahr ist! Man hat Laboratorien gebaut, um dort Mäuse zu beobachten und misst diesen Laboratorien eine unwahrscheinliche Bedeutung bei; aber die Laboratorien der Natur, die seit Anbeginn bestehen und viel besser ausgestattet sind als die der Menschen, finden keine Anerkennung! Man benötigt die Aussagen der Mäuse, und diese werden die Menschheit belehren. Und die Frauen? Für sie ist das eine Beleidigung! Warum sind sie nicht empört?

Was mich betrifft, ich habe die Mäuse in Ruhe gelassen und schwangere Frauen und einige Jahre später deren Kinder beobachtet. Dabei habe ich festgestellt, dass sich die Schwierigkeiten, Aufregungen und Sorgen der Mutter in bestimmten Monaten der Schwangerschaft auf gewisse Lebensabschnitte des Kindes auswirkten. Aber die Menschen wollten lieber die Antwort der Mäuse abwarten, und unterdessen hat man die Erde mit Ungeheuern bevölkert. Nehmen wir einmal an, die Biologen hätten jetzt verstanden – aber das ist gar nicht so gewiss – dass das, was für die Mäuse gilt, in viel stärkerem Maße für die Frauen zutrifft, dann sind sie zweifelsohne sehr im Rückstand, denn wenn sie die Menschen umerziehen wollen, brauchen sie mit der Langsamkeit ihrer Methoden noch Jahrhunderte dazu. Und meint ihr, dass sie etwas für die Frauen tun, damit diese von ihren Entdeckungen profitieren können? Nein, sie kümmern sich weiterhin nur um Mäuse und geben den Frauen keinerlei Anweisung, wie sie sich während der Schwangerschaft verhalten sollen.

Deshalb rufe ich alle Frauen der Welt auf: »Wacht auf, liebe Schwestern, werdet euch der wundervollen, herrlichen Aufgabe bewusst, die Gott euch anvertraut hat. Ihr tragt das große Geheimnis in euch, mit dem ihr die Menschheit erneuern könnt. Leider wisst ihr nichts davon und spielt mit diesen Mysterien. Nehmt euch endlich eure Aufgabe zu Herzen; und auch die Männer sollen ihrerseits die bestmöglichen Verhältnisse schaffen, damit ihr diese bedeutende und magische Aufgabe erfüllen könnt.« Wenn die Frauen das hören, werden viele natürlich sagen: »Wir haben jahrhundertelang Liebe und Güte gelebt, aber die Männer haben uns nicht verstanden, sie haben uns verhöhnt.« Ja, ich weiß, die meisten Männer benehmen sich wie egoistische

Kinder. Aber ihr Verhalten ist darauf zurückzuführen, dass die Frauen nicht imstande waren, ihre Rolle als Mutter zu übernehmen. Sie haben nicht mit den Gesetzen der Galvanoplastik gearbeitet, als sie die Männer als Söhne in sich trugen. Jetzt müssen sie unter den Folgen ihrer schlechten Arbeit leiden.

Die Natur hat den Frauen Fähigkeiten gegeben, die sie nicht oder nur schlecht einsetzen. Sie müssen sich bewusst werden, dass sie diese Fähigkeiten besitzen, und dass die Zukunft der Menschheit von ihnen abhängt. Wenn die Frauen mich verstehen wollen, werden sie eine unbeschreibliche Macht in der Welt darstellen. Nichts kann ihnen widerstehen. Sie müssen sich jedoch zusammenschließen und ein hohes Ideal anstreben. Bis jetzt sind sie noch uneinig – außer dann, wenn es darum geht, die Männer zu verführen und sie in ihre Fallen zu locken – und deshalb besitzen sie noch keine wahre Macht. Von heute an sollen sich alle Frauen der Welt zusammenschließen und die Verbesserung der Menschheit anstreben. Auf diesem Gebiet können die Männer trotz ihrer Intelligenz und ihrer Fähigkeiten nicht viel ausrichten. Diese Aufgabe hat die Frau, die Mutter, erhalten, denn die Natur hat ihr die Fähigkeit verliehen, auf das ungeborene Kind einzuwirken.

Deshalb bitte ich euch, die Schwestern der Bruderschaft, werdet euch dieser großartigen Aufgabe bewusst und klärt auch überall in der

Welt eure Schwestern auf, die noch in Unwissenheit leben. Dieses Ideal, dieser Wunsch, nützlich zu sein, wird euer Herz, eure Seele und euren Geist erfüllen. Dann werdet ihr inspiriert und glücklich sein, dann fühlt ihr euch innerlich reich, denn das Ideal, am Glück der Menschheit mitzuwirken, wird euch helfen und euch nähren. Solange ihr kein hohes Ziel in eurer Seele tragt, kann euch nichts befriedigen. Ihr mögt alles besitzen, aber trotzdem fühlt ihr eine Leere, eine Unzufriedenheit im Inneren. Allein schon das Wissen, dass ihr die von Gott gegebene Aufgabe erfüllt und tut, was der Himmel von euch erwartet, macht euch strahlend, lichtvoll und glücklich.

Weiterführende Literatur
1. Siehe Band 223 der Reihe Izvor »Geistiges und künstlerisches Schaffen«.
2. Siehe Band 221 der Reihe Izvor »Alchimistische Arbeit und Vollkommenheit«, Kapitel 3: »Charakter und Temperament«.

Kapitel 4

Kümmert euch um eure Kinder

In der Gesellschaft treten bestimmte Veränderungen auf, die sich nicht immer günstig auf die Erziehung der Kinder auswirken. Heute sind z. B. mehr und mehr Frauen berufstätig. Sie wollen sich ebenso unabhängig fühlen wie die Männer, und da ihnen die Arbeit außer Haus diese Freiheit gewährt, wollen sie einen Beruf ausüben. Damit vernachlässigen sie zwangsläufig ihre Kinder. Wenn die Kinder aus der Schule kommen, finden sie oft niemand zu Hause vor. Ihre Väter und Mütter sind bei der Arbeit! Dann versuchen sie so gut sie können, zu Rande zu kommen, vor allem auf die Weise, dass sie außerhalb der Reichweite ihrer Eltern Dummheiten anstellen. Außerdem werden sie ihren Eltern immer fremder!

Ich sage nicht, dass die Mütter nicht arbeiten sollen, sondern ich stelle nur fest, dass diese neuen Sitten eine Auswirkung auf die Erziehung der Kinder haben. Als Pädagoge muss ich diese

Folgen sehen. Ich gebe keine Ratschläge, jeder muss dieses Problem für sich persönlich lösen, aber ich denke, nichts kann die Anwesenheit der Mutter im Hause ersetzen, natürlich unter der Bedingung, dass sie wirklich anwesend ist und es versteht, ihre wahre Aufgabe als Erzieherin zu übernehmen.

Ihr meint: »Ja, aber diese neue Mentalität ist auch auf die Industrialisierung und den technischen Fortschritt zurückzuführen.« Natürlich werden immer die äußeren Faktoren verantwortlich gemacht. Der technische Fortschritt braucht die Menschen aber nicht unbedingt in katastrophale Zustände zu führen. Die Menschen haben sich mit ihrer Unwissenheit, ihrem Egoismus und ihren Begierden selbst so weit gebracht. Jeder schiebt die Schuld auf die Verhältnisse, aber wer hat denn diese Verhältnisse geschaffen? Sie sind nicht vom Himmel gefallen! Der technische Fortschritt ist eine gute Sache, er erleichtert die Arbeit, aber warum hat die Menschheit es so weit kommen lassen, dass er jetzt ihre ganze Energie beansprucht und sie zum Untergang führt?[1]

Auf jeden Fall berechtigt der Vorwand, beschäftigt zu sein, die Eltern nicht, ihre Kinder allein zu lassen oder sie der Nachbarin, der Putzfrau oder anderen anzuvertrauen. Warum haben sie eigentlich Kinder in die Welt gesetzt? Wenn sie sich nicht um sie kümmern, hätten sie sie lieber da lassen sollen, wo sie waren. Solche Eltern bekommen bald Lektionen erteilt, und zwar von ihren eigenen Kindern. Sie werden sie zum Leiden bringen. In dem Moment, wo sie Menschenkinder auf die Erde gerufen und ihnen einen Körper gegeben haben, müssen sie auch für sie sorgen und dürfen sie nicht auf andere abschieben. Weiß Gott, welche Dummheiten oder sogar Unanständigkeiten solche Leute ihnen beibringen können! Darauf will ich gar nicht im Einzelnen eingehen.

Die Eltern sind so ahnungslos! Anstatt ihr Baby selbst zu stillen, vertraut die Mutter es irgend einer dicken Frau an, die viel Milch hat. Es ist ihr egal, ob diese Frau ihrem Kind mit der Milch Krankheiten, Laster und etwas von ihrem eigenen Charakter gibt. Deshalb ist es wichtig, dass die Mutter selbst ihr Kind stillt und ihm dabei viel Liebe mit hineinlegt. Dann wird das Kind sie nie verlassen oder ihr Leid zufügen, weil es mit der Milch der Mutter auch gleichzeitig mit ihrer Liebe genährt wurde.

Hier haben wir jetzt einen sehr interessanten Punkt: Vor der Geburt nährt die Mutter das Kind mit ihrem Blut, und wenn es geboren ist mit ihrer Milch. Symbolisch gesehen steht das rote Blut für das Leben, die Kraft und die Aktivität. Die weiße Milch steht für Frieden und Reinheit, sie ist ein Prinzip der Harmonie, das die rein biologischen Tendenzen, die durch das Blut dargestellt werden, ausgleicht. Deshalb können Kinder, die nicht mit der Milch der eigenen Mutter gestillt wurden, sich später nicht in idealer Weise manifestieren. Die Milch von anderen Frauen oder von Tieren enthält für das Kind nicht dieselben Elemente wie die der Mutter.

Die Mutter, die ihr Kind stillt, gibt ihm mit der Milch Liebe und Zärtlichkeit, die es unbedingt für seine Entwicklung braucht. Deshalb darf sie nicht stillen, wenn sie wütend oder schlecht gelaunt ist, denn diese negativen Gemütszustände vergiften die Milch und führen dem Säugling Elemente zu, die ihn physisch und psychisch krank machen können. Die Mütter müssen sehr aufmerksam sein und sich immer auf das Stillen einstellen, damit sie dabei in der bestmöglichen Verfassung sind.

Viele Mütter geben dem Kind aus ästhetischen oder oberflächlichen Gründen die Flasche oder beauftragen andere damit, während sie zum Tanzen, zu Veranstaltungen oder Versammlungen gehen. Sie finden es amüsanter, ihre Brust für die Männer, ihre Gatten oder Liebhaber zu erhalten, denn man sagt, dass das Stillen die Brust verdirbt!... Auf diesem Gebiet gibt es heute so viele Entgleisungen und ein so großes Durcheinander! Die Kinder werden ihren Eltern gegenüber immer fremder und entfernen sich von ihnen, eben weil sie mit der Milch keine Mutterliebe bekommen haben. Glaubt mir, ich erfinde nichts, dies sind nachprüfbare Tatsachen.

Wenn die Mutter ihr Kind nährt, muss sie es bewusst tun. Sie soll ihm ihre Gedanken widmen und mit ihm sprechen, damit sie ihm einen Teil ihres Herzens, ihrer Seele und ihrer Quintessenz gibt. Ein Kind, das auf diese Weise ernährt wurde, wird seine Mutter ewig lieben. Selbst wenn sie unwissend oder hässlich ist, es wird sie verehren. Das Kind muss in Liebe gezeugt und in Liebe genährt werden. Ach, die Mütter haben noch kein umfassendes, selbstloses Bewusstsein erreicht. Sie können die Bedeutung ihrer erzieherischen Aufgabe noch nicht ermessen. Niemand kümmert sich um die wahre Pädagogik und deshalb treibt heute alles dem Abgrund zu.

Seht nur, was aus den Kindern wird, die Fremden überlassen wurden und denen die väterliche und mütterliche Liebe fehlte. In den Vereinigten Staaten gibt es viele, die auf den Straßen darauf warten, dass Männer ihnen Geld anbieten, damit sie mit ihnen ins Bett gehen. Hunderte von Kindern mit acht, zehn oder zwölf Jahren, die auf den Straßenstrich gehen... Früher taten dies meistens die Mädchen, aber heute tun es auch Knaben. Wenn man sie fragt: »Warum folgt ihr solchen Männern?« antworten sie: »Weil sie nett zu uns sind. Das Geld ist nicht so wichtig. Sie haben uns lieb, während unsere Eltern uns geschlagen, fortgeschickt und verlassen haben.« Natürlich brauchen Kinder Liebe! Und wenn sich dasselbe nun auch in unserem Land abspielen würde? Das wird sicher noch kommen, denn alles, was in Amerika passiert, kommt früher oder später auch zu uns.

Kümmert euch um eure Kinder! Ich weiß, heute halten viele Eltern die Erziehung für überflüssig. Es wurde ihnen eingeredet, dass die Kinder sich selbst überlassen bleiben sollen, damit sie sich ohne äußere Einwirkung entwickeln können, weil sonst ihre Originalität zerstört werden könnte, und dass sich ihre Qualitäten in völliger Handlungsfreiheit auf natürlichem Wege manifestieren würden. Welch ein Irrtum! In jedem Kind schlummern gleichzeitig Himmel und Hölle. Seine Zukunft hängt von den Neigungen ab, die die Eltern in ihm wecken und fördern. Ich habe euch einmal das folgende Beispiel gegeben: Wenn das reinste, unschuldigste und besterzogenste junge Mädchen, das scheinbar nicht zur geringsten Dummheit fähig ist, ein bisschen erregt und bestimmten Bedingungen ausgesetzt wird, die seine Sexualität wecken, dann würdet ihr staunen, wozu dieses engelhafte Geschöpf imstande wäre! Jeder ist sowohl zum Guten als auch zum Schlechten fähig, es kommt ganz darauf an, welchen Bedingungen ihr ihn aussetzt und welche Neigungen man in ihm weckt.

Die menschliche Natur hat zwei Seiten, zwei Gesichter: ein himmlisches und ein teuflisches. Die Eltern begünstigen je nach ihren pädagogischen Methoden die eine oder andere Tendenz.[2] Wenn sie nicht aufpassen, werden sie schon sehen, was dabei herauskommt! Hauptsächlich während des Wachstums ist äußerste Aufmerksamkeit notwendig. Solange das Kind noch heranwächst, kreisen zahlreiche Energieströme in ihm und suchen sich einen Weg. In dieser Zeit darf man kein blindes Vertrauen haben und sich einbilden, dass man einen kleinen Engel in die Welt gesetzt hat. Es kann ein Engel aus ihm werden, aber nur unter der Bedingung, dass ihr wachsam, vernünftig und weise handelt. Wenn ihr jedoch nachlässig oder ahnungslos seid, wird ein Teufel daraus werden!

Weiterführende Literatur
1. Siehe Band 234 der Reihe Izvor »Die Wahrheit, Frucht der Weisheit und der Liebe«, Kapitel 13: »Wissenschaftlicher Fortschritt und moralischer Fortschritt«.
2. Siehe Band 213 der Reihe Izvor »Die menschliche und göttliche Natur in uns«, Kapitel 2: »Die niedere Natur, eine umgekehrte Spiegelung der höheren Natur«.

Kapitel 5

Ein neues Verständnis der mütterlichen Liebe

Teil 1

Stellen wir uns ein junges Mädchen vor, welches das spirituelle Leben an die erste Stelle setzt. Es betet, meditiert und übt sich, um sich seinem hohen Ideal so weit wie möglich zu nähern. Doch dann heiratet es und bekommt ein Kind. Nun treten plötzlich die Ehe, das Kind und die Familie an die erste Stelle und es gibt alles Übrige auf. Dieses Verhalten wollen wir einmal analysieren.

Jeder wird natürlich der jungen Frau Recht geben und es normal finden, dass sie für ihr Kind das spirituelle Leben opfert. Sie ist Mutter und es geht um ihr Kind. Alle Mütter und Väter stimmen ihr zu. In den Augen einer Mutter geht nichts über ihr Kind. Für das Kind gibt sie alle göttlichen Gesetze auf, und wenn es krank wird oder stirbt, hadert sie mit dem Herrn und beschuldigt Ihn der Ungerechtigkeit und der

Grausamkeit. So etwas nennt man dann Liebe, und alle sind von dieser Liebe begeistert. Aber ich nicht, denn wenn eine Frau sich derartig an ihr Kind klammert, dass sie darüber den Herrn vergisst, liebt sie in Wirklichkeit nur sich selbst, sie denkt nur an sich und nicht an das Kind.

Ja, so ist es! Wenn sich eine Mutter vom Himmel abwendet, um sich ihrem Kind zu widmen, dann entzieht sie es dem göttlichen, dem wahren Leben, dem unermesslichen Licht und dem Frieden, die ihm dann nicht zugute kommen. Durch ihre dumme Liebe raubt sie ihm den einzigen Ort, an dem es glücklich und in Sicherheit wäre und in dem es unsterblich werden würde. In dem Glauben, ihr Kind zu retten, führt sie es in Wirklichkeit der Hölle entgegen, denn sie hält es fern von Schönheit und Harmonie. Ihr seht also, in der Gesellschaft herrscht ein uraltes Missverständnis. Eine Mutter, die ihr Kind liebt, darf es nicht dem Himmel entreißen, wo sich alle Geschöpfe entfalten sollen. Wenn sie über ihrem Kind Gott vergisst, enthält ihr Denken nicht mehr die unwägbaren Elemente von den lichtvollen Regionen, vom Göttlichen selbst, und dann nährt sie es mit einer toten Nahrung.

Wenn eine Mutter die Verbindung zu Gott abbricht, kann sie keine lebendigen und lichtvollen Elemente ausstrahlen, die aus dem Kind einen außergewöhnlichen Menschen machen würden. Sie ist arm und kann nichts geben. Ihre gewöhnliche Liebe lässt ein gewöhnliches Kind heranwachsen. Es mag gesund und nett gekleidet sein, aber es bleibt durchschnittlich, weil es weit abseits von Gottes Obhut erzogen wurde. Dagegen würde eine in der Einweihungswissenschaft unterrichtete Mutter sich an Gott wenden und Ihn bitten: »Herr, ich komme zu Dir, damit Du mir für mein Kind das Licht, die Liebe, die Gesundheit und die Schönheit des Himmels schenkst.« Bei ihrer Rückkehr strahlt sie Elemente auf ihr Kind aus, die den gewöhnlichen Müttern vollkommen fremd sind und die sie noch nie empfunden haben. Die Frauen behaupten, sie hätten keine Zeit. Doch, sie haben Zeit! Aber ihre egoistische Liebe hält sie von einer solchen Philosophie ab und deshalb wird die Welt weiterhin von unbedeutenden Menschen bevölkert.

Bevor sich die Mutter um ihr Kind kümmert, sollte sie sich mit Gott verbinden und sich dort mit Leben erfüllen, das sie dann an das Kind weitergibt. Warum bildet sie sich ein, es müsse sterben, wenn sie es für einige Minuten verlässt? Nein, selbst wenn es sich in Todesgefahr befindet, während sie bei Gott weilt, wird sie es retten, wenn sie zurückkehrt. Aber wenn sie Gott vernachlässigt, um bei ihrem Kind zu bleiben, dann kann sie ihm nicht helfen, wenn ihm etwas zustößt.

Solange Väter und Mütter derartig an ihrer Familie hängen, dass sie nicht wagen, sie von Zeit zu Zeit zu verlassen, um sich anderweitig zu unterrichten, können sie sie weder verbessern noch wirklich glücklich machen. Wenn man zu eng mit den Seinen verbunden ist, kann man sie nicht ändern. Es geht nicht darum, dass man sie physisch allein lässt, sondern man soll sich nur von ihren Ansichten trennen und sie nicht mehr auf falsche Art und Weise lieben und verstehen. Ihr sagt: »Das ist ja ein richtiger Kreuzzug gegen unsere Kinder!« Ganz und gar nicht. Vielleicht liebe ich eure Kinder mehr als ihr, das bleibt zu prüfen. Wenn einer eure Kinder liebt, dann bin ich es. Ich bin der Einzige, denn ihr liebt sie nicht.

Eines Tages forderte ein Junge von seiner Mutter Geld für Dummheiten und drohte mit Selbstmord, falls sie es ihm nicht gäbe. Da sagte die Mutter: »Geh' nur, mein Kind, bring dich um, Leute wie dich brauchen wir hier nicht auf der Erde. Ich wollte, dass aus dir ein edler, erhabener Mensch wird, aber du benimmst dich wie ein Verbrecher. Begehe ruhig Selbstmord, das ist besser... Ich werde dem Himmel danken, wenn du verschwindest.« Die Kühnheit seiner Mutter hat den Sohn zum ersten Mal zur Vernunft gebracht, und später ist aus ihm ein wunderbarer Mensch geworden. Jahre darauf sagte er: »Meine Mutter hat mich gerettet!« Hätte sie sich die Haare gerauft und gefleht: »Oh, mein armer Sohn, tue das nicht, hier hast du das Geld«, wäre aus ihm ein Rohling geworden.

Aber so handeln die meisten Eltern. Ihre blinde Güte, ihre Schwäche und ihre Nachgiebigkeit machen ihre Kinder grausam. Und nachher behaupten sie: »Ja, aber wir lieben sie...« Sie rechtfertigen ihre fehlende Pädagogik und Psychologie mit dem Satz: »Wir lieben sie!« Das nennt man nun Liebe! Anstatt zu sagen: »Wie schwach und dumm wir sind!« sagen sie: »Wir lieben sie.« Ich bin der Einzige, der das nicht glaubt. Hinter diesen Worten höre ich: »Was sind wir doch für Idioten!« Ja, das höre ich.

Abraham liebte Isaak und trotzdem akzeptierte er es, seinen Sohn zu opfern, um Gott zu beweisen, dass er Ihn mehr liebe als seinen Sohn. Die Frage, zu wissen, ob man Gott oder sein Kind mehr liebt, stellt sich immer; aber die Väter und Mütter kommen nie auf den Gedanken, dass da überhaupt eine Frage zu stellen ist. Gott wollte also Abraham prüfen und verlangte von ihm, seinen Sohn zu opfern. Ihr fragt: »Wieso? War der Herr nicht hellsichtig genug, um die Liebe Abrahams zu erkennen, musste Er ihn zuerst prüfen?« Nein, der Herr wusste schon im Voraus, was Abraham tun würde, Er sah in sein Herz und in seine Gedanken, aber Abraham selbst wusste nicht, was in ihm am stärksten war, und er sollte es wissen. Deshalb hat Gott ihm diese Prüfung auferlegt. Sie sollte nicht den Herrn, sondern Abraham selbst aufklären.

Übrigens dienen alle Prüfungen, die Gott uns schickt, unserer Selbsterkenntnis. Wir selbst wissen nicht, wie widerstandsfähig, intelligent, stark, gut und großzügig oder wie schwach und dumm wir sind. Man macht sich Illusionen und sagt: »Ich habe dieses und jenes überwunden, ich liebe den Herrn über alles«, und kapituliert bei der geringsten Prüfung, ohne zu wissen warum. Abraham liebte Gott über alles, und er wusste, wenn Gott ihm diesen Sohn geschenkt hatte, dass Er ihn auch wieder wegnehmen konnte.

Warum haben die Mütter nicht die gleiche Einstellung? Sie wollen ihrem Kind Sicherheit geben, indem sie den Herrn verlassen und bilden sich ein, dass ihre Obhut zu seinem Schutz genüge. Welchen Schutz können sie schon bieten, wenn sie selbst nicht geschützt sind und dem mächtigsten Beschützer den Rücken kehren? Welch ein Hochmut, welch eine Eitelkeit!

Abraham, ein wahrer Eingeweihter, lehnte sich nicht auf gegen Gottes Befehl und bereitete alles vor, um seinen Sohn zu opfern. Aber Gott ist kein blutrünstiges Ungeheuer und so ließ er Isaak in letzter Minute durch einen Widder ersetzen. Es genügte, dass Abraham nunmehr wusste, wie weit seine Liebe zu Gott gehen konnte und zu welchem Opfer er fähig war. Wenn eine Mutter zum gleichen Opfer nicht bereit ist, ist sie erstens nicht intelligent und zweitens zu hochmütig. Wie kann sie sich einbilden, dass sie besser als Gott weiß, ob ihr Kind leben oder sterben soll? Mit einer so gewöhnlichen Auffassung von Liebe kann sie dem Kind keine wahre Hilfe sein, denn anstatt es zum Licht zu führen, hält sie es im Gegenteil davon fern. Sie hat nur ihre eigene Liebe im Sinn und lässt nichts darüber hinaus gelten. Aber eines Tages wird sie diesen Fehler auf die eine oder andere Weise bezahlen müssen, weil sie ihre Pflicht nicht erfüllte. Sie hatte die Aufgabe, sich dem Himmel zu nähern und ihr Kind dorthin mitzunehmen.

Weder für ein Kind noch für eine Frau oder einen Mann darf man den Himmel aufgeben, denn nur wenn man – symbolisch gesehen – im Himmel bleibt, kann man den Menschen Gutes tun. Wenn ihr das Licht verlasst, um wer weiß wem eine Freude zu bereiten, werdet ihr weder Himmel noch Erde besitzen, d.h. euch stehen weder der Herr noch die Menschen zur Seite, für die ihr so große Opfer gebracht habt. Dann seid ihr ganz allein. Ihr müsst den Himmel suchen, dann besitzt ihr auch die Erde, denn die Erde folgt immer dem Himmel, sie unterwirft sich ihm und dient ihm.[1]

Sentimentalität und blinde Zuneigung können den anderen nicht helfen und bringen euch obendrein noch Leid. Um diesem Leid zu entgehen, müsst ihr Vernunft, Weisheit und Gott an die erste Stelle setzen, dann wird alles, was ihr liebt, euch gehören. Alle Kinder, die ihr auf göttliche Weise liebt, gehören euch. Jedenfalls sind sie euch näher als ihren Müttern, wenn diese sie auf dumme Art lieben. Ihr wendet ein: »Das ist unmöglich, denn es gibt die Blutsbande.« Aber diese Verbindung ist nicht die stärkste, das könnt ihr mir glauben, denn es gibt Bindungen und Bindungen!

Nur das aufrichtig geliebte Wesen – sei es ein Kind, ein Mann oder eine Frau – ist wirklich mit euch verbunden. Die Blutsbande sind scheinbar die stärksten, aber in Wirklichkeit kommt es oft vor, dass die Mitglieder ein und derselben Familie keinerlei Affinität zueinander haben, weil sie verschiedenen spirituellen Familien angehören. Ihr könnt z. B. körperlich einer Bauernfamilie und geistig einer Königsfamilie angehören; oder im Gegenteil physisch von königlichem Blut sein und in Wirklichkeit aus einer Familie von Elenden und Bettlern kommen.[2]

Wie würde jemand, der seine Familie liebt, im Notfall handeln? Er würde den Mut aufbringen, die Seinen eine Weile zu verlassen, um im Ausland Geld zu verdienen. Während ein anderer, der nicht die gleiche Liebe empfindet, nicht den Mut dazu hätte. Seht ihr, der erste hat scheinbar seine Familie verlassen, aber nur, um ihr zu helfen. Er spart im Ausland Geld zusammen, und bei seiner Rückkehr sind dann alle glücklich. Der zweite wollte seine Familie nicht allein lassen und blieb mit ihr in der Armut zurück. Das wollen wir jetzt übersetzen: Ein wahrer Vater und eine wahre Mutter würden ihr Kind und ihre Familie verlassen und ins »Ausland« gehen, d.h. sie würden durch Meditation und Gebet in die göttliche Welt aufsteigen und dort Schätze ansammeln, damit nachher alle im Überfluss leben können. Ein anderer dagegen bleibt bei seiner Familie, weil er nichts begreift, aber was kann er den Seinen schon bieten? Nichts Besonderes, ein paar Belanglosigkeiten, einige übrig gebliebene, verschimmelte Krusten.

Ein guter Vater und eine gute Mutter gehen ins »Ausland«. Und wie lange? Das ist unterschiedlich; vielleicht eine halbe Stunde, eine Stunde, vielleicht einen Tag oder drei Monate, und wenn sie zurückkommen, verteilen sie ihren Reichtum. Ihr merkt also, dass ich handfeste Argumente habe, die selbst eure ganze Logik nicht erschüttern kann. Wenn die Mütter damit nicht einverstanden sind, sollen sie ruhig zu mir kommen, dann werden wir darüber diskutieren! Ich werde ihnen dann sagen: »Sie behaupten, Ihr Kind zu lieben. Analysieren Sie einmal, ob das stimmt. Wenn Sie es lieben, würden Sie wenigstens zehn Minuten oder eine halbe Stunde für das ›Ausland‹ aufbringen, ja, und dann kann Ihr Kind in Fülle leben.«

Weiterführende Literatur
1. Siehe Band 15 der Reihe Gesamtwerke »Liebe und Sexualität«, Kapitel 25: »Liebt Gott, und ihr werdet euern Nächsten besser lieben«.
2. Siehe Band 29 der Reihe Gesamtwerke »Die Pädagogik in der Einweihungslehre, Teil 2 und 3«, Kapitel 5, Teil 4: »Seid vollkommen wie euer Vater im Himmel vollkommen ist«.

Teil 2

Die Mutter tut für ihr Kind alles. Sie liebt es und umsorgt es Tag und Nacht. Aber warum bleibt es trotzdem ein ganz gewöhnliches Kind und wird vielleicht sogar zu einem Flegel oder einem Verbrecher? Weil die Mutter nicht gelernt hat, ihre Liebe in höhere Bereiche zu erheben, um dort andere, für das Kind notwendige Elemente aufzunehmen und ihm diese zu vermitteln, Teilchen, die an ihm arbeiten und aus ihm einen außergewöhnlichen Menschen machen. Wie kann eine Mutter glauben, dass sie mit ihrer Engstirnigkeit, ihrer Unwissenheit und ihren prosaischen Beschäftigungen die unentbehrlichen Stoffe aufnehmen kann, mit deren Hilfe ihr Kind später Großartiges vollbringen und zum Wohl der Gesellschaft und der ganzen Menschheit beitragen wird?

Solange die Mutter nicht versucht, die höchsten Sphären zu erreichen, um dort Elemente des Lichts, der Reinheit und der Ewigkeit zu schöpfen, kann sie tun, was sie will, sie gibt ihrem Kind trotzdem nur etwas Gewöhnliches. Es kommt nicht auf die Menge der Teilchen an, sondern auf deren Qualität, und diese Qualität muss sie suchen und an ihr Kind weitergeben. Hier gilt das Gleiche wie in der Mathematik: Zweidimensionale Figuren können niemals eine dreidimensionale Figur ergeben, und noch so viele dreidimensionale Körper niemals einen vierdimensionalen Körper. Das heißt, zahlreiche gewöhnliche Menschen ergeben zusammen kein Genie und viele Genies zusammen keine Gottheit. Wenn sich ein Mensch zu einem göttlichen Wesen entfalten soll, braucht er Elemente, die es nur in der spirituellen, in der göttlichen Welt gibt. Das sollte jeder begreifen.

Die Mütter müssen also lernen, richtig an ihren Kindern zu arbeiten. Sie sollen ab und zu, mehrmals am Tag, einige Minuten in Gedanken und im Gebet Gott aufsuchen und Ihn bitten: »Herr, ich möchte, dass das Kind, das Du mir geschenkt hast, Dein Diener sei, aber dafür brauche ich Materialien, die ich nur bei Dir finden kann. Bitte, schenke sie mir, sonst wird aus ihm nichts Gutes, und das wäre weder für das Kind noch für Dich oder mich vorteilhaft.«

Dann kratzt sich der Herr am Kopf, ruft einige Seiner Diener herbei und trägt ihnen auf, sich um diese Mutter zu kümmern.

Ihr staunt über meine Art und Weise, die Dinge darzustellen? Die Hauptsache ist, ihr versteht mich und kommt voran, und es ist ganz egal, ob ich nun katholische, literarische, philosophische oder akademische Erklärungen gebe oder nicht. Für die Mütter möchte ich alles tun, denn ich bewundere sie wegen der Opfer, zu denen sie fähig sind. Aber sie müssen ihr Bewusstsein erweitern und lernen, mit neuen Mitteln und spirituellen Methoden für ihre Kinder zu arbeiten. Sie glauben immer, ihre Pflege und ihre Aufopferung genügten. In Wirklichkeit ist nichts ausreichend, man muss immer noch mehr himmlische Elemente und Kräfte hinzufügen. Wenn ein Kind täglich von solchen Teilchen genährt und durchdrungen wird, versetzt es später die ganze Welt in Erstaunen.

Ihr meint, es sei gar nicht so einfach, Gott aufzusuchen... Das ist nur eine bestimmte Ausdrucksweise! Schon wenn sich die Mutter gedanklich mit himmlischen Regionen verbindet, zieht sie feinstoffliche Elemente herbei, die sie dann auf ihr Kind ausstrahlt. Es gab Fälle, wo Mutterliebe das Kind dem Tod entriss. Ja, die Liebe war so stark, dass sie im Kind Veränderungen bewirkte. Durch die kraftvollen Schwingungen der Liebe wurden zahlreiche Giftstoffe ausgeschieden und das Kind gerettet. Das sind natürlich außergewöhnliche Fälle, und die Mütter brauchen keine so dramatischen Umstände abzuwarten, um ihren Kindern im täglichen Leben bei vielen Gelegenheiten ihre Liebe zu zeigen.

Ich bin z.B. morgens beim Sonnenaufgang sehr gerührt, wenn ich die Mütter mit ihren Babys auf dem Felsen sehe. Ihnen möchte ich Anleitungen geben, damit sie besser an sich selbst arbeiten können und sage ihnen deshalb Folgendes: Anstatt mit eurem Kind auf- und abzugehen, damit es sich beruhigt, einschläft oder was weiß ich, setzt euch irgendwo ruhig hin und redet leise auf es ein: »Mein Schatz, mein Liebling, mein Sonnenschein...« Wenn ihr so mit ihm sprecht, hüllt ihr es in Licht, erfüllt es genau wie die Sonne mit eurer Liebe, ruft durch die Kraft dieser Liebe die Engel und Erzengel herbei. Dann bittet ihr: »Herr, ich möchte, dass dieses Kind Dein Diener wird, dass es schön, intelligent, strahlend, lichtvoll und gesund ist«, und dann stellt euch vor, das Kind sei von dieser Herrlichkeit umgeben.

Die Frau besitzt eine sehr starke Vorstellungskraft, mit der sie ihr Kind formt.[1] Ihre Gefühle und Wünsche prägen sich dem Äther-, Astral- und Mentalkörper des Kindes ein, und auf diese Weise hilft sie dem Kind nicht nur ganz wesentlich in seiner Entwicklung, sondern sie stellt auch eine tiefe Verbindung zwischen ihm und sich selbst her.

Eine der Hauptursachen für den heute erkennbaren Bruch zwischen Kindern und Eltern liegt darin, dass die Eltern nicht imstande waren, ihre Kinder mit ihren eigenen Schwingungen zu beeinflussen und sie mit ihrer Liebe, ihrer Weisheit, ihrer Kraft und ihrem eigenen Leben zu durchdringen. Warum haben die Mütter das nicht schon lange erkannt? Ja, ab und zu, wenn die Kinder krank sind oder wenn sie sie umarmen, dann zeigen sie ihnen ein bisschen Liebe, aber diese Liebe hat keine Wirkung, weil sie bald darauf durch andere Gefühle ersetzt wird. Nur wenige wissen, wie man bewusst und intelligent vorgeht! Seht ihr, dies sollen also die Mütter beim Sonnenaufgang tun, und dann werden sie sich wundern, dass sie durch ihre Liebe unermüdlich werden. Denn gerade die Liebe erweckt und stimuliert alle Gehirnzellen.

In einem früheren Vortrag über die Kraft der Gedanken und Worte habe ich euch erklärt, wie ihr euer Kind beeinflussen könnt, indem ihr zu ihm sprecht, wenn es in seiner Wiege schläft. Selbst wenn es nicht zuhört oder versteht, wird alles in ihm aufgezeichnet, und wenn es größer ist, wird dies, aufgrund bestimmter kosmischer Gesetze, seine Früchte tragen. Ihr könnt über das Gute, die Wahrheit und die moralischen Gesetze sprechen und überzeugt sein, dass sich eure Worte einprägen. Übrigens, wer weiß, ob es nicht trotz allem begreift was ihr sagt? Es kann sich nur noch nicht äußern und euch zeigen, dass es euch versteht, weil seine Organe noch nicht voll entwickelt sind.

Selbst ein behindertes Kind ist in Wirklichkeit ein ebenso mächtiger und intelligenter Geist wie alle anderen, der sich aber aufgrund seiner körperlichen und psychischen Störungen nicht manifestieren kann. Könnte selbst der größte Virtuose der Welt auf einem verstimmten Klavier spielen? Nein, ganz bestimmt nicht. Er selbst ist zum Spielen fähig, aber das Klavier ist in einem bedauerlichen Zustand. Das Gehirn ist das Klavier, das Instrument, durch das sich der Geist manifestiert. Auch wenn der Klaviereigentümer ein Genie oder ein Virtuose ist, kann er nicht spielen, solange das Instrument nicht gestimmt ist. Vielleicht gilt das Gleiche für die Kinder. Sie sehen und verstehen vieles, aber sie können sich nicht äußern. Diesbezüglich wird über erstaunliche und unerklärliche Fälle berichtet. In der Zukunft gibt es noch so manche Geheimnisse zu erhellen. Von Säuglingen weiß man noch sehr wenig. Mitunter haben Babys plötzlich einen so intelligenten Ausdruck, dass man ganz verblüfft ist. Kurz darauf nehmen sie dann wieder die gewöhnliche Physiognomie eines Säuglings an. Für mich sind Kinder Bücher, in denen ich vieles lesen kann, und deshalb beobachte ich sie gerne.

Ich frage also die Mütter: Wollt ihr wirklich, dass euer Kind ein Diener Gottes, ein Genie, ein Heiliger, ein Wohltäter der Menschheit, ein wunderbarer Mensch wird? Dann umsorgt es mit eurer ganzen Liebe. Allein die Liebe vermag alles. Sprecht zu ihm, wenn es schläft, streichelt es zärtlich, durchdringt es mit allen Farben des Lichts: mit Rot, Orange, Goldgelb, Grün, Blau, Indigo, Violett...[2] Wer aber die echten Farben des Sonnenlichts kennen lernen will, der braucht ein Prisma, denn nirgends in der Natur kann man schönere und kraftvollere Farben sehen als durch einen Kristall. Ihr könnt euch also längere Zeit auf diese Farben konzentrieren und sie euch später gedanklich wieder vor Augen führen. Ihr dürft nicht mit irgendwelchen Farben an eurem Kind arbeiten, sondern nur mit denen des Prismas, denn sie allein sind die wahren Farben.

Bemüht euch, euer Kind mit diesen leuchtenden Strahlen zu durchdringen, stellt euch vor, dass Ströme des Lichts seine sämtlichen Körperzellen durchfließen. Dann wiederholt ihr das höchste Mysterium, nämlich das Mysterium des Herrn, der die Materie durchdringt, um sie zu beleben.[3]

Weiterführende Literatur
1. Siehe Band 28 der Reihe Gesamtwerke »Die Pädagogik in der Einweihungslehre, Teil 2 und 3«, Kapitel 3: »Die gestaltende Vorstellungskraft«.
2. Siehe Band 10 der Reihe Gesamtwerke »Sonnen Yoga«, Kapitel 11: »Die Geister der 7 Lichtstrahlen«.
3. Siehe Band 10 der Reihe Gesamtwerke »Sonnen Yoga«, Kapitel 19: »Die Sonne und die Lehre von der Einheit«.

Kapitel 6

Das magische Wort

Wie oft haben Eltern ihren Kindern gegenüber ein falsches Verhalten! Sie erlauben sich alle möglichen Ausdrücke, Gesten und Verhaltensweisen unter dem Vorwand, dass das Kind zu klein sei, um die Vorgänge zu verstehen. Sie vermuten nicht, dass ihr Betragen eine sehr ungünstige Auswirkung auf die Psyche haben kann. Denn ein Kind ist äußerst empfindsam, alles prägt sich bei ihm ein, und oft sind gewisse spätere Störungen auf Streitereien oder Diskussionen zurückzuführen, die es als Säugling miterlebt hat.

Viele Eltern achten auch nicht genügend darauf, wie sie mit den Kindern sprechen. Sie behandeln sie ständig als Unfähige, als Faulpelze und Idioten. Die Kinder sind derartig davon hypnotisiert und beeinflusst, dass sie am Ende wirklich dumm und unfähig werden. Solche Eltern wissen nichts von der Macht und Wirkung des Wortes, und dass alles, was sie sagen, großen

Einfluss auf ihre Kinder hat. Oft löschen die Eltern selbst die Flamme im Kind. Warum müssen sie ständig mit dem schwarzen Mann, dem Wolf oder dem Gendarm drohen, damit die Kinder ruhig oder folgsam sind? Warum müssen sich bei der geringsten Dummheit Vorwürfe und Flüche über sie ergießen? Sie ahnen nicht, dass sich solche Kinder später ihr Leben lang bedroht und gefährdet fühlen und nervenkrank werden.

Die Eltern müssen jetzt lernen, die Kraft der Worte zu nutzen, um ihren Kindern etwas Gutes zu tun. Hierfür möchte ich besonders den Müttern mit ganz kleinen Kindern eine Methode geben. Wenn das Baby schläft, kann sich die Mutter an sein Bettchen setzen oder es in die Arme nehmen und ihm ganz sachte sagen: »Mein Kind, ich habe dich sehr lieb, ich denke an dich, ich möchte, dass du groß, edel, strahlend und göttlich wirst, ich möchte, dass du viel Verstand, Kraft, Reinheit und Güte haben wirst.« So soll sie mit ihren guten Wünschen zu dem Kind sprechen. Vielleicht halten manche diese Methode für unsinnig, aber wer die Gesetze des Universums kennt, wird mir Recht geben, denn er weiß, dass das Wort allmächtig ist. Selbst wenn das Kind in dem Augenblick nichts versteht, werden ihre Worte in seinem Unterbewusstsein registriert und wirken in der Richtung, die die Mutter ihnen gegeben hat, im Kind weiter.

Jeden Tag, jeden Abend oder sogar während der Nacht sollen die Mütter das tun. Sie sollen mit ihrem Kind sprechen, ihm zärtlich das Köpfchen streicheln und alle Kräfte, Qualitäten und Tugenden erwähnen, die es später entwickeln wird. Sie sollen ihm von seiner Zukunft sprechen: Es wird glücklich und groß sein und es wird ein außergewöhnlicher Mensch werden. Sie sollen dabei nur die poetischsten und wunderbarsten Worte aussprechen.

Im Allgemeinen wartet man mit der Erziehung, bis die Kinder ein gewisses intellektuelles Verständnis besitzen. Dann gibt man ihnen Erklärungen und glaubt, das sei Erziehung. Nein, übrigens haben Erklärungen noch nie einen großen pädagogischen Wert gehabt. In der Pädagogik ist die einzig wirksame Methode das Beispiel. Zeigt den Kindern konkret, was sie tun sollen, macht es ihnen vor und erklärt nichts. Zeigt ihnen wie man wäscht, sauber macht, Ordnung schafft oder wie man die Mahlzeiten zubereitet. Kinder sind kleine Affen, sobald ihr etwas tut, wollen sie euch imitieren.

Wenn jetzt jemand einwendet: »Bevor ich diese Ratschläge akzeptiere, möchte ich die Vorgänge genau verstehen und wissen, was im ätherischen Bereich ausgelöst wird.« Oh, du liebe Güte, wenn ihr erst alles sehen und begreifen wollt, bevor ihr mit der Arbeit beginnt, dann könnt ihr Jahrhunderte warten, und inzwischen ist aus eurem Kind ein Rowdy geworden. Nein, kümmert euch ab sofort um eure Kinder, denn ihr habt eine große Verantwortung.

Das Wunderbare an der Sache ist, dass die magischen Worte, die ihr an euer Kind richtet, leuchtende Farben aus eurem Herzen und eurem Kopf strahlen lassen. Sogar gewisse lichtvolle Wesenheiten fühlen sich durch diese Schönheit berührt und angezogen. Sie wollen dann bei diesem Menschenkind bleiben und an ihm arbeiten. Also, ich bitte euch, bringt euren Intellekt, der ewig nur Fragen und Einwände hat, ein bisschen zum Schweigen und glaubt mir, was ich euch heute sage, denn es ist zu eurem und vor allem eurer Kinder Vorteil. Habt ihr ausreichende Kenntnisse auf dem Gebiet der psychischen und spirituellen Gesetze, dass ihr euch über meine Aussagen äußern oder sie bezweifeln könnt? Solange ihr noch unwissend seid, müsst ihr demjenigen glauben und folgen, der auf dem Weg der Erkenntnis weiter gegangen ist als ihr. Die Mütter sollen also mit ihren Kindern reden, auch wenn diese schlafen oder nichts davon verstehen. Manche sagen, sie würden in Gedanken mit ihnen sprechen, aber das genügt nicht, denn zwischen dem Gedanken und dem Wort besteht ein großer Unterschied.

Eines Tages hielt ich in Amsterdam einen Vortrag, an dem Vertreter verschiedener spiritueller Bewegungen teilnahmen. Unter anderem sagte ich, dass die Meditation eine große Menge psychischer Energie erzeugt und dass viele, die sich mit dem Meditieren begnügen, ohne jemals ein Wort auszusprechen, merken, dass sich die angestauten Kräfte schließlich innerlich störend auswirken. Warum? Weil sie es nicht verstanden haben, diesen Energien Ausdruck zu verleihen und sie zu lenken. Es müssen also folglich einige Worte formuliert werden, damit die durch die Meditation angezogenen Wesenheiten die Richtung einschlagen, die ihnen das Wort vorgibt. Warum das Wort? Ist der Gedanke allein nicht bereits eine starke Kraft? Doch, aber der Gedanke ohne das gesprochene Wort gleicht einem Text mit allen möglichen Versprechungen und Verpflichtungen, aber ohne Unterschrift. Solange ihr nicht unterschreibt, sind eure Versprechungen wertlos. Ihr könnt alles Mögliche behaupten, versprechen oder vermachen, ohne eure Unterschrift geht keiner auf euer Schreiben ein. In der materiellen Welt zählt die Unterschrift, und bei eurer geistigen Arbeit bedeutet das Wort so viel wie eine Unterschrift.

Als ich das sagte, rief der Präsident der anthroposophischen Vereinigung von Holland begeistert aus: »Ah! Das ist etwas Neues für uns!« Ja, das sind Tatsachen, die viele nicht kennen. Das Wort ist also äußerst wichtig. Ihr könnt stundenlang denken, wenn ihr wollt, aber wenn ihr etwas auslösen wollt, müsst ihr einen Impuls geben, damit sich euer Gedanke auf physischer Ebene realisiert. Und dieser Impuls ist das Wort.

Der Gedanke ist auf der psychischen und das Wort auf der physischen Ebene wirksam. Wenn ihr diese Tatsache akzeptiert, könnt ihr bedeutende Resultate erzielen. Aber Worte, die auf keinem lebendigen, von einem starken Gefühl gestützten Gedanken beruhen, bleiben leere, hohle und kraftlose Hüllen, die keine Ergebnisse bringen.[1]

Selbst die Kinder, die mir hier zuhören, registrieren immer ein kleines bisschen von dem was ich sage. Später tauchen diese unbewusst aufgenommenen Worte wieder in ihrem Bewusstsein auf, und dann können sie davon profitieren und werden erfolgreicher sein als andere Kinder, die man unter dem Vorwand, sie seien noch zu klein, von gewissen Überlegungen fern gehalten hat.

Das Gleiche gilt für die Kinder, die von ihren Eltern jeden Morgen auf den Felsen zum Sonnenaufgang mitgenommen werden. Man könnte meinen, dass es für die Kleinen besser wäre, schön im Bett zu bleiben. Nein, auch wenn sie auf dem Felsen einschlafen, durchdringt sie die Atmosphäre des Gebets, der Meditation und der Kontemplation. Sie nehmen die Sonnenstrahlen auf, die in Wirklichkeit bewusste Geistwesen sind. Diese Strahlen arbeiten an ihrem Ätherkörper und hinterlassen dort Spuren. Diese Kinder werden später, auch wenn ihre Spielkameraden sie zu hässlichen Dingen verleiten wollen, einen inneren Widerstand und eine Kraft spüren, die sie auf dem Weg der Reinheit, des Lichts und der Weisheit hält. Selbst wenn sie nicht wissen, woher diese Kraft kommt – denn sie liegt sehr tief in ihnen verborgen – werden sie feststellen müssen, dass sie existiert. Aus diesem Grunde muss die Erziehung beginnen, schon bevor das Kind eure Worte mit seinem Verstand erfassen kann.

Ich bin übrigens noch viel weiter gegangen und habe gesagt, dass es nach der Geburt schon zu spät ist, um mit der Erziehung zu beginnen. Ja, denn in dem Moment steht es schon nicht mehr in der Macht der Eltern, ihre Kinder zu beeinflussen. Damit müssen sie schon vor der Geburt, ja selbst vor der Zeugung beginnen. In diesem Moment beginnt die wahre Erziehung, die machtvoll, wirksam, real und unzerstörbar ist.

Ich weiß, meine pädagogische Methode ist neu und etwas eigenartig, aber sie bringt Resultate. Wenn ein Kind isst, weiß es noch nichts von den Nährwerten der Nahrung und was sie zu seiner physischen, moralischen und intellektuellen Entwicklung beitragen. Aber man wartet nicht ab, bis das Kind etwas versteht, um ihm etwas zu essen zu geben. Ebenso darf man auch nicht darauf warten, dass es etwas versteht, um ihm göttliche Elemente zuzuführen. Denn würde man seine geistige Reife abwarten, um ihm ein spirituelles Dasein zu ermöglichen, dann wäre es bald tot, geistig tot. Solche Fälle sieht man aber oft. Die Kinder sollen erst ein bestimmtes Alter erreichen, bevor sie eine spirituelle Erziehung genießen dürfen, und bis dahin können sie ruhig in einem ganz gewöhnlichen Leben verkommen. Wenn man sie nachher zurechtweisen will, ist es zu spät, dann ist nichts mehr zu machen.

Weiterführende Literatur
1. Siehe Band 229 der Reihe Izvor »Der Weg der Stille«, Kapitel 10: »Menschliches und Göttliches Wort«.

Kapitel 7

Ein Kind braucht immer eine Beschäftigung

Habt ihr gesehen, wie stolz die Kinder waren, als sie uns etwas vorgesungen haben? Sie haben die Angelegenheit sehr ernst genommen. Oh, es war wirklich etwas Wichtiges! Ihr Leben lang werden sie sich daran erinnern, dass sie vor einem Publikum gesungen haben. Für euch war es vielleicht nichts Besonderes, aber für sie war es ein Ereignis. Ein Blick in das Herz dieser Kinder zeigt euch, dass es für sie ein ganz bedeutendes Ereignis war. Jetzt müsst ihr sie ermutigen, ihnen sagen, wie wunderbar sie gesungen haben, dass wir ihren Gesang brauchen, und dass sie noch andere Lieder einstudieren müssen.

Man muss in den Kindern das Bedürfnis wecken, sich bei jeder Aktivität so fähig wie möglich zu zeigen. Das ist das beste Mittel, das sie davon abhält, Dummheiten zu machen und ihre Zeit unnötig zu verschwenden. Kinder dürfen nie untätig gelassen werden. Oft verlangt man von ihnen, sich ruhig zu verhalten: »Seid brav!« Aber warum wird Vernunft mit Unbeweglichkeit verwechselt? Sich nicht bewegen, nichts tun, ist das Vernunft? Nachher darf man sich dann nicht wundern, wenn das Kind die Vernunft hasst, denn in seinem Kopf ist sie mit Unbeweglichkeit verbunden, wo es doch so viel Energie hat! Übrigens soll man von einem Kind nie erwarten, dass es sich ruhig verhält, sondern sollte ihm immer eine Beschäftigung geben.

Deshalb sollten die Eltern akzeptieren, dass ihre Kinder in der Schule oder anderswo ein bisschen gefordert werden. Sie haben so viel Energievorrat und eine so starke Widerstandskraft, dass sie die Mühe sofort wieder vergessen. Jede Anstrengung formt ihren Charakter, und darüber sollten sich ihre Väter und Mütter freuen. Wenn sie dagegen sagen: »Oh, das arme Kind darf nicht überlastet werden«, und ihm die kleinste Mühe abnehmen, dann wird es schwach, faul, unfähig und egoistisch. Ja, so sieht die Pädagogik der Erwachsenen aus! Sind die Kinder, die zum Sonnenaufgang auf den Felsen hinaufgehen zu bemitleiden? Sind sie unglücklich, weil sie nicht im Bett bleiben durften? Nein, seht nur, wie glücklich sie sind! Die Eltern müssen sich darüber klar werden, dass sie die Schwäche der Kinder oft durch ihr eigenes Verhalten, unter dem Vorwand, sie nicht überfordern zu wollen, fördern. Diese Einstellung müssen sie ändern, denn sonst werden sie selbst ihr ganzes Leben lang darunter leiden, dass sie aus ihren Kindern selbstsüchtige und launische Menschen gemacht haben.

Ich kenne viele, die diesen Fehler begangen haben und sich jetzt die Haare raufen. Denen sage ich: »Das ist eure eigene Schuld. Ihr hättet euren Kindern schon im frühesten Alter beibringen sollen, euch zu helfen: Teller zu waschen, den Tisch zu decken und bestimmte einfache Aufgaben zu erfüllen.« Natürlich sind die meisten Arbeiten zu schwierig für die ganz Kleinen, sie haben weder die Kraft noch ausreichende Geschicklichkeit dazu, aber man kann es ihnen vormachen und sagen: »Wenn du groß bist, darfst du das tun!« Inzwischen gibt es aber viele kleine Dienste, die sie schon verrichten können. Nur geben die Eltern ihnen nichts zu tun, denn für sie ist es einfacher, die Arbeit schnell allein zu erledigen, anstatt ihren Kindern zu zeigen, wie man es macht und sie währenddessen noch zu beaufsichtigen. Das ist keine gute Erziehungsmethode, denn später wollen die Kinder nicht mehr tun, was sie als Kleinkind hätten lernen müssen. Ihre Fähigkeiten sind nicht früh genug geschult worden. Später können die Eltern vergeblich schimpfen: »Faulpelz, tue dies, tue das! Pass auf, dass du etwas lernst...« das Kind will nichts mehr davon wissen, weil es dann zu spät ist.

Die Kinder sollten schon im frühesten Alter bestimmte gute Gewohnheiten annehmen, die sie dann nie wieder aufgeben. Ich habe einmal jemanden getroffen, der schon mehrmals wegen Diebstahls im Gefängnis war. Er hat mir gestanden, dass er selbst im Gefängnis morgens und abends betete. Er war es so gewohnt, weil sein Vater es ihm beigebracht hatte, als er noch klein war, und diese Angewohnheit konnte er nicht wieder loswerden. Ich fragte ihn: »Aber wenn Sie morgens und abends beten, warum stehlen Sie dann immer noch?« »Ah, das ist etwas anderes.« Für ihn waren beten und stehlen nicht unvereinbar. Natürlich wäre es besser gewesen, wenn der Vater ihm auch angewöhnt hätte, nicht zu stehlen.

Man ist sich nicht im Klaren darüber, welche Macht die Gewohnheit darstellt. Wenn ein Kind gewöhnt ist, dass die Eltern auf seine Launen eingehen, ist es vorbei, dann verlangt es auch später, selbst wenn es Unrecht hat und das auch weiß, dass die anderen nachgeben. Und dann ist es zu spät, das zu ändern. Ein Kind, das verhätschelt, verzärtelt und verwöhnt wurde, wird immer von allen die gleiche Behandlung verlangen. Leider gibt es in dem Fall nur eine Macht, die stark genug ist, um es zu erziehen: das Leben selbst, denn das Leben ist unerbittlich. Dann wird das Kind leiden und sich notgedrungen ändern. Wie viel unnötige Qualen haben die Eltern ihren Kindern bereitet, weil sie nicht imstande waren, sich deren Launen zu widersetzen!

Deshalb sage ich oft zu den Eltern: »Vorsicht, Vorsicht, eure Güte ist in Wirklichkeit nur Schwäche und Unwissenheit. Später werdet ihr jammern, weil ihr nämlich selbst die ersten Opfer eurer blinden Güte sein werdet.« Wie viele Eltern haben sich bei mir über das Verhalten ihrer Kinder beschwert! Ich musste ihnen sagen, dass sie selbst Schuld daran hatten, aber das haben sie natürlich nicht verstanden. Die Kinder dürfen nicht weichlich behandelt werden, denn sonst nützen sie die Lage aus und können dann nichts dafür. Wenn keiner dem Kind zeigt, dass es Regeln zu respektieren gibt, hat es schon als Kleinkind den Eindruck, dass alles seinen Launen gehorchen kann. Wie soll es denn jemandem gehorchen, der ihm einen kleinen Verweis gibt? Es wird ihn nicht beachten, und das ist ganz normal. Es wird allem trotzen, alles zerstören, sich selbst verlieren, aber auf keinen Fall nachgeben. Denn das ist es so gewohnt, und das ist nicht seine Schuld.

Wenn sich die Eltern bewusst werden, dass ihre schlechte Erziehung den Charakter ihres Kindes verdorben hat, bleibt ihnen nichts anderes übrig, als sich an den Himmel zu wenden und die Geister der Weisheit zu bitten, dass sie dem Sprössling eine Lektion erteilen, die ihn zur Vernunft bringt. Wenn das Kind dann weint, könnt ihr es trösten, aber jedenfalls hat es etwas begriffen und ist auf diese Weise nach einigen kleinen Lektionen gerettet. Ich habe die verschiedenen Verhaltensweisen beobachtet und oft festgestellt, dass Güte – dumme Güte – die Laster fördert. Güte ist etwas Wunderbares, aber nur unter der Bedingung, dass sie im Dienst der Weisheit steht.[1]

Eines Tages war ich bei einer reichen Familie, die eine angesehene Stellung in der Gesellschaft hatte. Diese Leute waren um ihren Sohn sehr besorgt, der ihnen nur Probleme machte. Er wurde verwöhnt und mit Geld überschüttet und amüsierte sich natürlich, anstatt sich um sein Studium zu kümmern. Ich wollte ihnen helfen und sagte: »Wollen Sie Ihren Sohn retten? Dann müssen Sie zuerst einmal begreifen, dass er zum Studium nicht begabt ist. An Ihrer Stelle würde ich ihn als Lehrling in eine Autowerkstatt schicken, wo er von einem Chef, der viel verlangt, zur Arbeit angehalten wird. Ich würde ihm auch kein Geld mehr geben, denn dieser Wohlstand entwickelt nur seine schlechte Seite.« Ich erklärte ihnen alles ausführlich, aber sie verstanden mich nicht und waren sogar sehr unzufrieden mit meinem Ratschlag. Sie fühlten sich von der Idee, dass ich aus ihrem Sohn einen Arbeiter machen wollte, erniedrigt, denn sie hatten für ihn eine glänzende Stellung erhofft. Sie hörten also nicht auf mich und schickten den Jungen in die besten Schulen im In- und Ausland, gaben ihm die besten Lehrer und verwöhnten ihn vor allem weiterhin mit Geld und Geschenken.

Nach einigen Jahren wurde die Lage so katastrophal, dass sie sich an meinen Rat in Bezug auf die Werkstatt erinnerten. Aber auch da erlebte ich eine Überraschung! Ich hatte ihnen empfohlen, ihren Sohn zu einem Automechaniker in die Lehre zu schicken, statt dessen kauften sie ihm die größte, modernste und teuerste Autowerkstatt, die sie finden konnten. Natürlich war der junge Mann überhaupt nicht auf den leitenden Posten eines solchen Unternehmens vorbereitet. Und es kam, was kommen musste: Nach kurzer Zeit machte er Konkurs und die Familie verlor enorm viel Geld. Ich will euch nicht erzählen, wie die Geschichte weiterging, aber hier könnt ihr sehen, dass die Eltern ihren Sohn mit ihrer Schwäche und ihrer dummen Liebe ins Unglück stürzten.

Heute bringen die Eltern nicht mehr den Mut für Methoden auf, die den Charakter formen. Sie sagen: »Ach, die Kinder dürfen nicht leiden, sie sollen alles haben, was sie wollen.« Aber mit dieser Schwäche verderben sie ihre Kinder, und eines Tages können sie nichts mehr mit ihnen anfangen, dann werden sie von ihnen gequält, mit Füßen getreten. Ihre falschen Erziehungsmethoden bringen ihnen dann schmerzliche Lektionen ein.

Die Eltern glauben mir jedoch nicht und halten mich für grausam. Nein, ich bin nicht grausam, ich kenne nur einige kleine Regeln, die sehr tiefgründige Gesetze sind. In der Vergangenheit haben viele ihre Kinder auf diese Weise erzogen, selbst Könige, denn sie wurden von Weisen beraten, die in ihren Palästen wohnten. Ein solcher Weiser konnte z. B. raten: »Majestät, Ihr habt einen Sohn, der eines Tages regieren soll. Aber wird er gerecht, ehrlich und unparteiisch herrschen? Ich empfehle Euch Folgendes: Bevor euer Sohn weiß, dass er ein Prinz und der künftige Thronerbe ist, schickt ihn eine Zeit lang in eine arme Familie, damit er sieht, wie die Menschen für das kleinste Stückchen Brot leiden, kämpfen und arbeiten müssen. Wenn er zurückkommt und den Thron besteigt, wird er dann mit Gerechtigkeit, Milde und Barmherzigkeit regieren.« Manche Könige befolgten solche Ratschläge.[2]

Heutzutage wollen die reichen Familien ihre Söhne nicht zu einem kleinen Vorgesetzten in harte und schwierige Verhältnisse geben, wo sie eventuell sogar einige Hiebe bekommen könnten, sondern schicken sie in die bedeutendsten Hauptstädte oder in die Schweiz, wo sie in vornehmen Internaten mit Prinzen verkehren, Tennis spielen, Ski laufen oder Schwimmen gehen. Und wenn der geliebte Sohn seine Zeit dort beendet hat, wird er in Watte verpackt. So sieht die Pädagogik der steinreichen und sehr »intelligenten« Leute aus.

Der Vater sollte seinen Kindern übrigens nicht zeigen, dass er sehr reich ist, sonst zählen sie zu stark auf ihr späteres Erbe und geben sich keine Mühe, zu arbeiten und sich selbständig durchzuschlagen. Sie glauben, dass sie sich alle Launen und Vergnügungen gestatten dürfen und werden faul. Das ist die schlimmste Erziehung, die es gibt. Die Eltern sollten also ihren Kindern so weit es geht die reiche Erbschaft verschweigen. Wenn die Kinder gute Arbeitsgewohnheiten und Selbstbeherrschung gelernt haben, dann können die Erwachsenen ihnen von dem Reichtum erzählen, der später auf sie wartet, aber nicht vorher.

Das ist übrigens genau das, was der Herr mit jedem von uns macht. Er ist der beste Erzieher, der größte Pädagoge. Er zeigt uns nicht sofort das Erbe, das oben, in den himmlischen Banken auf uns wartet. Da wir uns arm und elend glauben, arbeiten und schuften wir, bis wir uns schließlich unter Jammern und Weinen unserer Erbschaft würdig erwiesen haben, und erst dann zeigt uns der Herr alle Schätze, die für uns angesammelt sind. In dem Moment erkennen wir die Weisheit des Ewigen, der uns nichts im Voraus enthüllt hatte. Die Eingeweihten, die dem Herrn in seinem Handeln gleichen wollen, verbergen im Interesse ihrer Schüler auch viele Dinge vor ihnen, damit sie sich im Sinn des Guten entwickeln können.

Wenn die Eltern von ihren Kindern erwarten, dass sie später große Verantwortung übernehmen, müssen sie ihnen eine Erziehung geben, die sie mit den Schwierigkeiten des Lebens vertraut macht. Denn wie sollten diese sonst die Mühsal ihrer Arbeiter, ihrer Soldaten oder ihrer Angestellten verstehen? Menschen, die aus sehr armen Verhältnissen stammen und durch ihre eigene Arbeit aufgestiegen sind, sind verständnisvoll und mitfühlend für das Leid anderer, weil sie selbst gelitten haben. Die anderen dagegen sagen wie die Königin Marie-Antoinette: »Was, sie haben kein Brot?... Dann sollen sie eben Kuchen essen!« Ihr war das völlig unverständlich.

Weiterführende Literatur
1. Siehe Band 234 der Reihe Izvor »Die Wahrheit, Frucht der Weisheit und der Liebe«, Kapitel 3: »Weisheit und Liebe oder Licht und Wärme«.
2. Siehe Band 237 der Reihe Izvor »Das kosmische Gleichgewicht - Die Zahl 2«, Kapitel 11, Teil 1: »Das Dreieck Kether-Chesed-Geburah«.

Kapitel 8

Die Kinder müssen auf ihr künftiges Leben als Erwachsene vorbereitet werden

Ich weiß, die hier anwesenden Kinder und Jugendlichen interessieren sich viel mehr für alle möglichen Vergnügungen und Zerstreuungen als für die philosophischen Fragen, die ihrem Alter nicht ganz entsprechen. Wenn sie aber unter Erwachsenen leben, die sich bemühen, den Regeln der Lehre zu folgen, wird trotzdem alles in ihrem Inneren aufgezeichnet, selbst wenn sie noch nicht die Tiefe und den Sinn der Lehre erfassen können. Später, wenn sie vor schwerwiegenden Problemen stehen, können sie dann besser handeln und sich leichter orientieren als andere, weil sie bei uns einen Impuls für das Gute bekommen haben. Es ist ganz unwichtig, ob sie damals etwas davon gefühlt haben. Das Gesehene und Gehörte wird sie ihr ganzes Leben lang beeinflussen.[1] Deshalb soll die Jugend an unserer Arbeit teilnehmen.

Die Kinder müssen auf das spätere Leben vorbereitet werden, auch wenn man den Eindruck hat, dass sie noch zu jung dafür sind.

Deshalb ist es gut, wenn sie einen Blick in die Welt der Erwachsenen werfen können, denn dadurch lernen sie, besser zu verstehen. Seht einmal, was wünscht sich ein kleines Mädchen? Es verlangt instinktiv nach Puppen, die es wiegen, füttern und waschen kann. Dieses Spiel ist eine Vorbereitung auf ihre künftige Rolle als Mutter. Folglich wird von innen heraus sein Ehrgeiz geweckt, dieses Gebiet für die Zukunft zu erforschen. Über diese Dinge sollte man nachdenken!

Die Kinder nehmen auch an kirchlichen Zeremonien teil, obgleich sie nichts davon verstehen. Aber die Feierlichkeit des Gottesdienstes und die Andacht der Erwachsenen prägen sich in ihre Seelen ein, und später werden sich diese Eindrücke vertiefen. Andere waren bei der Beerdigung eines Verwandten oder eines Freundes dabei und stellen sich deshalb Fragen über den Tod. Früher oder später werden sie gezwungenermaßen mit der Realität des Todes konfrontiert, und es ist gut, wenn sie darauf vorbereitet sind. Das Gleiche gilt für alles andere im Leben. In gewissem Maß muss jedes Kind Erfahrungen machen, für die es eigentlich noch zu jung ist, und dabei sollten ihm die Erfahrungen der Erwachsenen helfen.[2]

Nehmen wir noch ein anderes sehr einfaches Beispiel: Ein Chemiestudent beginnt ein Studium mit dem, was bisher in dieser Wissenschaft entdeckt wurde, und später fügt er seine eigenen Erfahrungen hinzu, wenn er dazu imstande ist. Aber zuerst befasst er sich mit den

Erkenntnissen und Entdeckungen der anderen. Er kommt nicht auf die Idee, ihr Wissen zu ignorieren, um alles selbst herauszufinden und nach zwanzig oder dreißig Jahren Arbeit schließlich – wenn überhaupt – zu entdecken, dass ein Wassermolekül aus einem Atom Sauerstoff und zwei Atomen Wasserstoff besteht. Nein, er akzeptiert das Wissen der anderen, und das ist viel vernünftiger, denn dabei gewinnt er Zeit.

Wenn man ein Kind daran gewöhnt, am Leben der Erwachsenen teilzunehmen, wird es dann, wenn es selbst mit gewissen Ereignissen konfrontiert wird, schon durch seine Erinnerungen darauf vorbereitet sein und das imitieren, was es früher beobachtet hatte. Deshalb sollten die Aktivitäten der Jugendlichen nicht auf Dinge beschränkt werden, von denen man glaubt, sie entsprächen ihrem Alter. Eines Tages unterhielt ich mich mit einer Mutter von zwei reizenden jungen Mädchen im Alter von ungefähr fünfzehn Jahren. Ich sagte ihr: »Ihren Mädchen täte es gut, in die Bruderschaft zu kommen, um Wahrheiten zu erfahren, die ihnen später eine Hilfe im Leben sein würden.« Und wisst ihr, was sie mir geantwortet hat? »Oh nein, sie sind zu jung, in ihrem Alter muss man sich amüsieren. Sie gehen gerne zum Tanzen und zu Parties. Für die seriösen Dinge haben sie später immer noch Zeit genug!« Ja, das war eine Mutter, die für ihre Töchter Katastrophen heraufbeschwor.

Natürlich sollen die jungen Leute ruhig tanzen, ich habe nichts dagegen, aber man sollte sie ebenfalls daran gewöhnen, sich mit anderen Dingen zu beschäftigen. Gewiss, die menschliche Natur ist nicht nur für Arbeit, Mühe und Überlegung geschaffen worden, das ist ganz klar. In der Vergangenheit haben die Eingeweihten sogar selbst Feste eingeführt, bei denen das Volk durch Gesang, Tanz und Maskeraden allen Kräften Ausdruck verleihen konnte, die durch die Arbeit und die Sorgen des täglichen Lebens unterdrückt wurden. Wer aber Vergnügen und Zerstreuungen für das Wesentlichste hält, der verfehlt sein Dasein.

Ich habe nichts gegen eine Mutter, die möchte, dass ihre Tochter sich amüsiert. Auch ich amüsiere mich, was meint ihr, ich denke an nichts anderes! Aber es gibt eben Vergnügen und Vergnügen..., und man muss begreifen, dass gewisse Vergnügen eine Gefahr bedeuten, wenn sie nicht durch Vernunft unter Kontrolle gehalten werden. Die Mutter wünschte ihrer Tochter viel Spaß, aber bald wird das Mädchen vom ersten besten Taugenichts in den Schmutz gezogen und »vernascht«, und dann hat sie nicht nur ihren Charme und ihre Frische verloren, sondern auch ihren klaren Verstand und wird sehr bald die Anzahl all jener Frauen vergrößern, die ihr Dasein dahinleben, ohne je recht zu wissen, wie es um sie steht.

Ihr dürft nicht denken, dass ich engstirnig bin. Nein, es gibt keinen freizügigeren Menschen als mich. Ich möchte, dass sich alle jungen Leute vergnügen, dass sie singen und tanzen, aber ich möchte, dass sie gleichzeitig auch die Wissenschaft der Eingeweihten studieren und lernen, mit den edlen und lebendigen Kräften der Natur Kontakt aufzunehmen. Dann werden sie wunderbare Menschen werden, die imstande sind, zum Nutzen für ihre Familie, ihr Land und sogar die ganze Welt, tätig zu werden.

Dies waren einige Worte, um euch zu sagen, dass man die Jugendlichen nicht ausschließlich das tun lassen darf, was ihnen gefällt, was ihnen ihrer Entwicklungsstufe gemäß angenehm ist, sondern man sollte immer ein bisschen weitergehen und der Zukunft etwas vorwegnehmen. Oh! Ich weiß, viele Kinder sind ihrem Alter voraus, aber nicht ganz so wie es sein sollte. Ein kleines, niedliches, reizendes Mädchen will z. B. seine Tante imitieren, weil diese geschminkte Lippen und Nägel hat und viele Ringe an den Fingern trägt. Und ein kleiner Junge will wie sein Großvater werden, weil er Pfeife raucht und einen dicken Schnurrbart hat. Die jungen Menschen sind also oft unbewusst ihrem Alter voraus. Sie haben es sehr eilig mit dem Altwerden, damit sie eine wichtige, blasierte Miene aufsetzen können. Mein Gott, sie sollen nichts überstürzen, das Alter kommt schon von allein. Ja, eines ist ganz gewiss, sie werden alt und das kann keiner verhindern.

Die Jugendlichen sollten also versuchen, so lange wie möglich jung zu bleiben! Damit meine ich jung im Herzen: spontan, einfach und freundlich.[3] Ich möchte lieber ein Kind bleiben, mit allen Kräften halte ich den Geist der Kindheit in mir wach. Die Jungen wollen alt werden, aber ich will meine Jugend verlängern, weil sie so schnell vorüber geht! Übrigens genau wie der Frühling, der so flüchtig ist!

Weiterführende Literatur

1. Siehe Band 233 der Reihe Izvor »Eine Zukunft für die Jugend«, Kapitel 2: »Die Grundlage unserer Existenz ist der Glaube an einen Schöpfer« und Kapitel 3: »Der Sinn für das Heilige«.
2. Siehe Band 233 der Reihe Izvor »Eine Zukunft für die Jugend«, Kapitel 12: »Lernt aus den Erfahrungen der Älteren« und Kapitel 13: »Vergleicht euch mit spirituell Höherstehenden, um voranzukommen«.
3. Siehe Band 217 der Reihe Izvor »Ein neues Licht auf das Evangelium«, Kapitel 2: »Wenn ihr nicht werdet wie die Kinder«.

Kapitel 9

Der Sinn für das Zauberhafte soll dem Kind erhalten bleiben

Seht einmal, wie mir die Kinder zuhören! Wenn ihr wüsstet, auf welche Weise sie meine Worte verstehen! Ihr Gesicht lebt..., sie lachen, wenn es etwas zu lachen gibt und werden nachdenklich, wenn es etwas zu überlegen gibt. Sie reagieren wunderbar. Sie sind ein besseres Publikum als ihr. Gott allein weiß, was in ihren kleinen Köpfen vorgeht, wie sie die Dinge sehen und verstehen! Vielleicht erkennen sie die Wahrheit auf Anhieb, während ihr noch Jahre dazu braucht. Ja, ich bin überzeugt, dass sie die Realität viel schneller und besser erfassen als die Erwachsenen.

Die Kinder machen Bemerkungen, die die Erwachsenen oft nicht verstehen und deshalb unsinnig finden. Wie oft hat mich der tiefe Sinn einiger ihrer Aussagen verblüfft. Kinder sind eben noch einfach, natürlich und der himmlischen Heimat nahe. Aber dann drängen ihnen die Familie und die Gesellschaft andere Überlegungen und Ansichten auf, und am Ende akzeptieren die Kleinen diese falschen Einstellungen. Ja, oft verbilden die Erwachsenen die Kinder nur.

Kleinkinder haben einen angeborenen Sinn für das Zauberhafte. Sie sind überzeugt, dass alles lebendig und intelligent ist. Sie sprechen mit Insekten, Steinen, Tieren und Pflanzen. Wenn sie sich an einem Stein anstoßen, geben sie ihm einen Fußtritt und machen ihm Vorwürfe, weil sie annehmen, dass er ihnen absichtlich im Wege lag. Sie glauben an Geschichten, in denen von Feen, Riesen und außergewöhnlichen Tieren die Rede ist. Fabelhaft! Nach einigen Jahren verlieren sie das Empfinden für das Märchenhafte, weil sich die Erwachsenen über ihre Leichtgläubigkeit lustig machen. Und selbst wenn dies nicht der Fall ist, färbt das materialistische und grobe Verhalten schließlich auf die Kleinen ab.

Sobald die Kinder den Sinn für das Zauberhafte verloren haben, haben sie das Wesentlichste verloren. Man darf sich nicht einbilden, dass die Erwachsenen einen umwerfenden Beweis ihrer Überlegenheit geben, wenn sie behaupten, das Universum hätte weder Seele noch Intelligenz und der Mensch sei das einzige lebende und denkende Wesen der Schöpfung. Die ganze Natur hat Leben und Verstand, sie ist von lebendigen und intelligenten Geschöpfen bevölkert, von denen manche sogar intelligenter sind als der Mensch. In dem Augenblick, wo der Mensch dieses Leben und diese Intelligenz leugnet, lässt sich der Tod langsam in ihm nieder. Wenn ihr glaubt, dass alles um euch herum tot ist, dann schleicht sich der Tod auch bei euch ein, das dürft ihr nie vergessen. Aber wenn ihr alles für intelligent und lebendig haltet, dann steigert ihr auch Intelligenz und Leben in euch.

Dies ist eine Tatsache, über die Psychologen und Pädagogen nachdenken sollten, denn sie haben noch nie die magischen Auswirkungen eines Gedankens erforscht. Wenn ihr glaubt, dass alle Menschen auf Erden böse, hässlich, verdorben oder kriminell sind, so ist dies eine sehr schlechte Einstellung, die euch nicht nur ungünstig beeinflusst, sondern früher oder später die gleichen Eigenschaften in euch wach ruft. Wenn ihr dagegen überzeugt seid, dass überall Licht, Schönheit, Pracht und Erhabenheit herrschen, dann wirken auch diese Gedanken auf euch ein und machen euch von Tag zu Tag schöner, edler und ausdrucksvoller.

Bei den Kindern darf also das Feingefühl für das Zauberhafte nicht unterdrückt, sondern soll im Gegenteil gefördert werden, damit sie ihr ganzes Leben lang davon zehren können. Hauptsächlich die Märchen halten in ihnen das Empfinden für die unsichtbare Welt und ihre Bewohner lebendig.[1]

Während meiner Kindheit kannte ich unter unseren Verwandten einige sehr betagte Familienmitglieder, deren Worte immer von tiefer Weisheit erfüllt waren. Sie hatten keinerlei

Bildung, denn die meisten von ihnen waren überhaupt nie in die Schule gegangen (vor mehr als einem Jahrhundert war so etwas in einem kleinen, verlorenen Dorf in Mazedonien nichts Erstaunliches!), aber ihr ganzes Wesen drückte eine hohe Würde und große Selbstbeherrschung aus. Ich bewunderte sie sehr, sie waren für mich Vorbilder. Damals war ich sechs oder sieben Jahre alt. Wie glücklich und froh war ich, wenn sie zu Besuch kamen, und mit welcher Aufmerksamkeit hörte ich ihnen zu! Ich bat sie jedes Mal, mir Geschichten zu erzählen. Besonders einer machte einen starken Eindruck auf mich, er hieß Michael und war sehr weise. Wenn er sprach, wägte er jedes Wort und jede Geste ab. Er erzählte mir wunderbare Geschichten, genau wie es meine Großmutter tat: über Kämpfe zwischen dem Guten und dem Bösen, dem Licht und der Finsternis, dem weißen Magier und den Hexern. Das Gute trug am Ende immer den Sieg davon. Später habe ich mein ganzes Leben lang gefühlt, dass diese Märchen mir einen Impuls zum Guten, zum Licht gegeben haben und in mir den Wunsch erweckten, immer das Licht triumphieren zu lassen.

Heute erkenne ich, wie wichtig diese Märchen für mich waren, denn sie haben einen tiefen Eindruck in mir hinterlassen. Was ich in Büchern und an der Universität lernte, habe ich vergessen, aber an die Geschichten, in denen das Licht am Ende immer die Finsternis besiegte, erinnere ich mich noch immer.

Die Eltern und nahen Verwandten haben einen starken Einfluss auf die Kinder. Deshalb solltet ihr vermeiden, dass eure Söhne und Töchter Kontakt zu Leuten haben, die sie durch ihr Geschwätz auf zweifelhafte Wege führen. In diesem Alter prägt sich alles ein, was sie sehen und hören, und wirkt sich später auf ihr ganzes Leben aus. Passt auf eure Kinder auf! Wenn möglich, wählt ihnen sogar ihre Kameraden aus, achtet darauf, mit welchen Jungen und Mädchen sie verkehren. Ihr solltet auch einmal auf euer eigenes Leben zurücksehen, dann könnt ihr die Ursache eurer Vorlieben, eurer Neigungen oder eures gegenwärtigen Verhaltens in der Kindheit finden.

Die Kindheit bestimmt das ganze Leben, die Eindrücke aus dieser Zeit vergehen nie. Deshalb haben die Erwachsenen eine unermesslich große Verantwortung. Wenn sie ein Kind durch Grobheit und Hässlichkeit verdorben haben, bleibt es für immer gebrandmarkt. Sie sollten sich also kontrollieren und sich hüten, sie auf einen schlechten Weg zu bringen.

Aber versteht mich jetzt richtig. Man muss auch bestimmte Gesetze der Einweihungslehre kennen. Ich sage nicht, dass man ein Kind ausschließlich in einer Traumwelt, in Poesie, im Irrealen oder in der Phantasie aufziehen soll. Dies wäre auch eine große Gefahr für es. Jede Methode hat immer eine gute und eine schlechte Seite, und man muss wissen, wann und wie man sie jeweils anwendet. Die Eltern und Pädagogen sollen den Verstand und die praktischen Fähigkeiten im Kind erwecken, ihm beibringen, sich auf der materiellen Ebene zurechtzufinden und es auf die Tatsachen des Lebens vorbereiten. Aber sie dürfen seine Freude am Zauberhaften und seine Sensibilität für die unsichtbare Welt nicht abtöten. Sie können ihm von den Naturgeistern erzählen, von den Erdgeistern (Gnome), den Wassergeistern (Undinen), den Luftgeistern (Sylphen), den Feuergeistern (Salamander) und der Arbeit, die sie im Universum verrichten.[2] Aber vor allem sollen sie ihm den Sinn für die göttliche Welt vermitteln, und dafür können sie mit ihm über den Lebensbaum und die himmlischen Hierarchien sprechen.

Natürlich muss man sich auf das Niveau des Kindes einstellen. Es geht nicht darum, ihm alle kabbalistischen Namen des Sephirothbaums aufzuzählen, aber man kann ihm den Begriff der Hierarchie folgendermaßen verständlich machen: »Du weißt, dass die Menschen über den Tieren stehen, weil sie intelligenter sind«, und man erklärt ihm warum. »Und auch unter den Menschen überragen manche durch ihre Güte und Weisheit die anderen.« Das leuchtet dem Kind ein. »Warum soll es jetzt nicht noch andere Wesen geben, die selbst die besten und weisesten Menschen übertreffen?« Auch das akzeptiert das Kind und auf diese Weise macht es sich mit der Existenz der Engel, Erzengel und aller anderen

Wesenheiten der spirituellen Hierarchie vertraut. Ein so erzogenes Kind wird sich immer einer höheren Welt der Weisheit und des Lichts bewusst sein und sich ihr zuwenden wollen.[3]

Wenn ein Mensch bestreitet, dass es Welten und Wesenheiten gibt, die erhabener sind als er, dann begrenzt er sich und wird finster. Viele Menschen machen keine Fortschritte und entfalten sich nicht, weil sie nicht wissen oder nicht akzeptieren wollen, dass über ihnen eine erhabene Hierarchie von Engeln, Erzengeln usw. steht, bis hin zum Thron Gottes. Daraus ergibt sich, dass sie weder ein Ziel noch ein hohes Ideal haben, an das sie sich klammern können, um Energien von einer höheren Ebene zu schöpfen und aufzunehmen.

Gewiss, sie leben, sie finden sich zurecht, aber aus spiritueller Sicht machen sie keine Fortschritte. Sie akzeptieren nicht einmal den Gedanken, dass es Meister gibt, die sie belehren können. Manche sind innerlich schon völlig abgestorben, ja, sie sind geistig tot. Andere akzeptieren dagegen bewusst die Existenz dieser spirituellen Hierarchie und verfolgen deshalb ein höheres Ziel, und dieses Ziel verleiht ihnen den Antrieb zu großen Verwirklichungen.

Weiterführende Literatur
1. Siehe Band 242 der Reihe Izvor »Unerschöpfliche Quellen der Freude«, Kapitel 16: »Die Pforten zur Traumwelt öffnen«.
2. Siehe Band 226 der Reihe Izvor »Das Buch der göttlichen Magie«, Kapitel 8: »Die Zusammenarbeit mit den Naturgeistern«.
3. Siehe Band 236 der Reihe Izvor »Weisheit aus der Kabbala – Der lebendige Strom zwischen Gott und Mensch«, Kapitel 1: »Vom Menschen zu Gott: Der Hierarchiebegriff«.

Kapitel 10

Liebe ohne Schwäche

Lesung des Tagesgedankens:

»Vater und Mutter dürfen nie auf die Launen ihres Kindes eingehen. Sie sollen zärtlich und liebevoll sein, aber nicht nachgeben. Wenn sie dem Kind einen Auftrag erteilt haben, müssen sie darauf bestehen, dass es ihn ausführt. Manche Mütter lassen sich von den Tränen des Kindes erweichen, weil sie ihm keinen Kummer bereiten wollen. Wenn sie sich auf diese Weise rühren lassen, sind sie dumm, denn später wird das schlecht erzogene Kind seinen Eltern auf der Nase herumtanzen. Die Mutter sollte sanftmütig bleiben, nicht wütend werden, das Kind nicht schlagen, aber trotzdem nicht nachgeben, genau wie die Natur, die sich keinerlei menschlichen Wünschen oder Launen beugt.

Legt das Kind seine Hand ins Feuer oder aufs Eis, dann ändern die Gesetzmäßigkeiten von Wärme und Kälte sich nicht, um es zu schützen. Die Natur bleibt dem Tun des Kindes gegenüber unparteiisch, deshalb lernt es, sie zu respektieren. Für das Kind stellt die Mutter die Natur dar, und wenn sie diese nicht richtig vertritt, erfährt das Kind nicht, dass es Grenzen gibt, die es nicht überschreiten darf, und dann ist es verloren. Gerade wegen der mütterlichen Schwäche wachsen Kinder oft zu wahren Ungeheuern heran.«

Ja, oft treibt gerade die nichterleuchtete Liebe der Eltern die ganze Familie ins Unglück, weil die Erwachsenen nicht imstande waren, ihren Kindern zu zeigen, dass es Gesetze gibt, die jeder befolgen muss, sowohl die Eltern als auch die Kinder. Wenn einem Kind alles gestattet ist, wird es nie den Unterschied zwischen Gut und Böse erkennen, und dann ist es nicht seine Schuld, sondern die Schuld der schlechten Angewohnheiten, die man ihm beibrachte. Schon als Kleinkind muss es lernen, dass es Gesetze gibt, und dafür sind die Eltern zuständig. »Ja, aber wenn das arme Kind nun weint?...« Dann soll es ruhig weinen!

Sobald das Kind weint, gibt die Mutter nach, denn der kleine Liebling darf nicht unglücklich sein. Und schon ist es zu spät, sie gibt ihr Leben lang nach, sie wird zu seinem Sklaven. Das Kind missbraucht sie, und dann ist sie selbst die Leidtragende, weil sie Liebe mit Schwäche verwechselte. Das Kind weint? Dann lasst es weinen, das stärkt die Lungen, und es begreift dabei, dass es Regeln gibt, die man respektieren und befolgen muss. Wenn ihr bei der ersten Träne eure Anordnungen widerruft, wird das Kind immer den gleichen Trick benutzen, damit ihr ihm nachgebt und all seine Launen befriedigt. Wisst ihr, dass ein Kind viel intelligenter und schlauer ist als seine Mutter? Es zwingt sie durch Tränen zum Nachgeben, und dann tanzt es ihr auf der Nase herum. Ja, so ist es, auf diese Weise macht die Mutter ihre Lehre durch!

Die Eltern müssen dem Kind sofort verständlich machen, dass sie nicht auf seine Launen eingehen, denn wenn sie nachher eingreifen wollen, ist es zu spät! Wenn sie den Ernst der Lage erkennen, werden manche Eltern plötzlich sehr streng, und dann gibt es harte Auseinandersetzungen. Nicht einmal Schläge können dann noch etwas bewirken, weil sie zu lange gewartet haben. Schon im frühesten Alter müssen die Kinder die Strenge der Eltern erfahren. Die Erwachsenen dürfen dem Kind zuliebe – unter dem Vorwand, es sei noch klein – nicht nachgeben, denn dadurch rufen sie in seinem Herzen und in seiner Seele schlechte Neigungen wach. Gerade weil es noch klein ist, akzeptiert es im Gegenteil Zwang, Zurechtweisungen und Anordnungen. Wenn es später seinen Verstand entwickelt hat, wird es seine Eltern lieben und ihnen dankbar sein, dass sie ihm auf diese Weise großes Leid erspart haben.

Manche Eltern wissen gar nicht, was sie tun sollen, um ihren Kindern zu gefallen und sie zu unterhalten. Dieses übertriebene Geltungsbedürfnis den Kindern gegenüber hat katastrophale Folgen. Greifen wir nur einmal die Frage des Spielzeugs auf. Was wird für die Kinder zum Spielen hergestellt? Revolver, Panzer, Kanonen und Waffen aller Art. Man ist sogar so weit gegangen, Miniatur-Guillotinen zu verkaufen... Und was tun die Eltern? Anstatt gemeinsam gegen derartiges Spielzeug zu protestieren, damit es verboten wird, lassen sie es geschehen und kaufen es sogar. So werden die Kinder dann zu Spitzbuben erzogen. Welche Dummheit! Welche Unwissenheit! Warum hat man nicht überlegt und erkannt, dass solche Spielsachen unausbleiblich eine Auswirkung auf das Verhalten und die Mentalität des Kindes haben? Manche Kinder werden zu Ungeheuern, weil sie eine fehlgeleitete Erziehung von Leuten erhalten haben, die von den hohen Wahrheiten der Einweihungslehre keine Ahnung hatten.

Gestern sah ich ein Kind außerordentlich unangenehme und unästhetische Grimassen ziehen. Da habe ich seine Mutter gefragt: »Wo hat es so etwas gelernt?« »Oh! Das hat es von seinem Vater, der hat es ihm aus Spaß vorgemacht, und jetzt imitiert es ihn.« Seht einmal, wie die Kinder erzogen werden. Man schneidet ihnen irgendwelche dummen Grimassen, um sie zu belustigen und sie zum Lachen zu bringen, und nachher ahmen sie so etwas nach. Selbst aus Spaß darf man den Kindern niemals etwas Hässliches oder Dummes zeigen. Es gibt andere Mittel und Wege, sie zu unterhalten.

Die Eltern sollen nur das tun, was lehrreich und intelligent ist, auch wenn es den Kindern nicht gefällt, das müssen sie eben akzeptieren und sich daran gewöhnen. Jeder trachtet nur nach Vergnügen, aber das Vergnügen ist der schlimmste aller Ratgeber, es erniedrigt den Menschen und versetzt ihn zurück in tierische Zustände. Die unwissenden Eltern wollen ihren Kindern Vergnügen bereiten, weil sie sie angeblich lieben. Aber es gibt Liebe und Liebe, und man sollte die Liebe wählen, die das Kind erzieht, schöner macht, stärkt und zur Vollkommenheit führt. Der Mensch ist von Natur aus egoistisch und undankbar und durch zu viel Nachsicht wird gerade dies gefördert. Man will den Kindern alles bieten, weil man sie liebt, aber die Weisheit empfiehlt, sie lieber auf gewisse Dinge ein wenig verzichten zu lassen.

Ich rede und rede und weiß genau, dass die Eltern doch nicht mit mir einverstanden sind, weil sie glauben, dass meine Ratschläge ihren Methoden widersprechen. Aber in dem Moment, wo sie mit ihren Kindern Probleme haben, beweist dies, dass ihre Methoden verbessert werden müssen, nicht wahr?

Im heutigen Tagesgedanken hieß es, dass man die Kinder nicht schlagen soll. In Wirklichkeit kann ihnen in Ausnahmefällen eine Ohrfeige oder ein Klaps hinten drauf nichts schaden. Nur müsst ihr auf euren Blick achten, wenn ihr ein Kind schlagt. Ja, euer Blick darf weder Zorn noch Feindseligkeit noch ein anderes negatives Gefühl ausdrücken, denn das Kind wird die Ohrfeige oder den Klaps schnell vergessen, aber ein böser Blick bleibt haften, den nimmt es euch übel, und für den will es sich früher oder später sogar rächen. Also, achtet auf euren Blick, wenn ihr eure Kinder schlagt![1]

Oft schlagen Eltern ein Kind, weil sie wütend sind und ihre Geduld verloren haben, was eine sehr schlechte Reaktion ist. Ohrfeigen und Hiebe dürfen nicht das Resultat ihrer Erregtheit sein – Nervosität ist kein pädagogisches Mittel – sondern sollen dem Kind zeigen, dass die Eltern ihm die existierenden Gesetze verständlich machen wollen, die es zu befolgen hat. Deshalb habe ich oft auf folgende Methode hingewiesen, die viele sehr seltsam finden, das weiß ich: Wenn eine Mutter ihr Kind bestraft, darf sie ihre Selbstbeherrschung nicht verlieren und muss ihm zeigen, wie traurig sie darüber ist, es schlagen zu müssen. Wenn sie kann, soll sie sogar vor ihm weinen und sagen: »Ich möchte dich nicht schlagen, aber ich bin leider dazu gezwungen, weil du dich schlecht betragen hast und jetzt musst du dafür bestraft werden.« Und dann gibt es etwas hinten drauf! In diesem Fall empfindet das Kind die Traurigkeit der Mutter und weiß, dass sie seinetwegen leidet und so handeln muss. Diese Handlungsweise bringt das Kind zum Überlegen und dann begreift es, dass es Vorschriften gibt, die es nicht übertreten darf.

Diesen Punkt möchte ich besonders betonen, denn ich weiß, dass die Eltern gewöhnlich wenig darauf achten, wie sie ihr Kind zurechtweisen. Sie dürfen nie schlagen, wenn sie wütend sind, weil sie sonst statt des Eindrucks der Gerechtigkeit eine Empfindung von Hass und Bosheit hinterlassen. Das Kind muss aber als Grundlage seiner guten Erziehung spüren, dass sein Vater und seine Mutter gerecht sind und es nur deswegen strafen, weil sie eben gerecht sind. Denn sonst wäre das Schlagen auch aus spiritueller Sicht sehr ungünstig, und ich möchte euch erklären, warum.

Wenn ihr aus Wut schlagt, übertragen sich die durch euer Aufbrausen entstandenen disharmonischen Schwingungen auf das Kind und haben in ihm außerordentlich zerstörerische Auswirkungen. Die Wut, die als feindselige Strömung aus euch hervorbricht, wirkt Monate und Jahre ungünstig weiter. Ohne es zu wissen, setzt ihr auf diese Weise euer Kind negativen Kräften aus, die sich seiner bemächtigen. Die Eltern sind sehr unwissend. Anstatt zu helfen und zu beschützen, zerstören sie durch die negativen Kräfte, die aus ihren Herzen strömen, heilige und göttliche Elemente in dem Kind. Die Eltern sollten sich von nun an solche Wutanfälle versagen.

Da wir nicht die Eltern der ganzen Erde erziehen können, sollten wenigstens die Brüder und Schwestern der Universellen Weißen Bruderschaft dieses Licht akzeptieren. Sie sollen ihre Kinder zurechtweisen, das muss sein, aber sie dürfen keine zerstörerischen Gefühle dabei hegen, weil sonst die Kinder den finsteren Wesenheiten ausgesetzt sind. Denn sonst würde sich auch Folgendes ereignen: Später, wenn sie ihre Kinder anleiten wollen, gelingt es ihnen nicht mehr, denn anstatt willig auf die Eltern zu hören, werden sie den finsteren Wesenheiten gehorchen. Über diesen Punkt sollte man wirklich nachdenken. Ihr könnt also eure Kinder strafen, aber nur um ihnen bewusst zu machen, dass es Gesetze gibt, die sie nicht übertreten können, ohne sich großen Gefahren auszusetzen.

Die Natur handelt folgendermaßen: Wenn ihr im Winter, wenn es kalt ist, eine Fensterscheibe einschlagt und sie nicht ersetzt, müsst ihr die Folgen davon ertragen. Ihr könnt noch so zittern und die Natur anflehen: »Ich friere so, warum gibst du mir nicht ein bisschen mehr Wärme?« Sie bleibt unbestechlich und unerbittlich, so dass ihr über eure Ungeschicklichkeit nachdenken müsst. Dann setzt ihr eine neue Scheibe ein und versucht, in Zukunft besser aufzupassen. Die Mutter muss dem Kind gegenüber genau wie die Natur handeln, nämlich unbestechlich und unerbittlich und ihm gleichzeitig zeigen, dass auch sie sich den Gesetzen unterwirft. Auf diese Weise gibt sie ihm eine Vorstellung von Ordnung und Hierarchie. Später kann man von einem Kind, das im Bewusstsein und mit Achtung den Gesetzen gegenüber aufgewachsen ist, Großartiges erwarten.

Natürlich sind nicht alle Kinder gleich. Man muss sie also ihrem Entwicklungsgrad, ihrem Temperament, ihrer Kraft, ihrer Gesundheit und vielen anderen Faktoren entsprechend erziehen. Es gibt so viele verschiedene Fälle, dass man keine allgemein gültigen Richtlinien aufstellen oder sagen kann: »Macht es so oder so!« Jedes Kind braucht eine eigene pädagogische Methode, und die Eltern müssen eben ihre Kinder richtig kennen lernen und sich intelligent und aufgeklärt genug zeigen, um zu wissen, welche Methode sie bei ihnen anwenden müssen.

Aber eines ist sicher, die Eltern müssen sich auf jeden Fall in Gegenwart der Kinder tadellos benehmen und dürfen weder Schwächen noch Mängel zeigen. Man hat schon von Fällen gehört, wo Mütter Liebhaber hatten oder während des Krieges sogar mit feindlichen Soldaten auf den Feldern schliefen. Das Kind war dabei, weil die Mutter es nicht allein im Hause lassen konnte. Es schaute verständnislos zu. Nach einigen Jahren jedoch, als es sich daran erinnerte und verstand, konnte man in seinem Verhalten der Mutter gegenüber Schäden erkennen, die diese Szene hervorgerufen hatte. Warum handeln die Mütter so gedankenlos? Sie verhalten sich vor den ganz Kleinen auf alle mögliche negative Art und Weise, im Glauben, dass diese nichts davon aufnehmen. Doch, sie registrieren alles. Es gibt Ereignisse im dritten, vierten oder fünften Lebensjahr, die der Mensch nicht vergisst. Vielleicht erinnert er sich nicht an die Geschehnisse des Vortages, aber die Erlebnisse, die 60 oder 80 Jahre zurückliegen, bleiben in ihm wach.

Die Kinder sind verwirrt und irritiert, wenn die Eltern ihre Schwächen zeigen, weil sie dann nichts mehr haben, an das sie sich halten können. Kinder möchten sich instinktiv immer an Menschen anlehnen, die Gerechtigkeit, Erhabenheit, Stärke und Vollkommenheit verkörpern. Sie tragen alle ein instinktives Bedürfnis nach Gerechtigkeit und Wahrheit in sich. Wenn sie dann sehen, dass sich die Eltern falsch verhalten, gerät in ihrem Inneren etwas aus dem Gleichgewicht. Das Kind ist klein und schwach und will eine unfehlbare, schützende Autorität über sich fühlen. Es ist unwissend, aber trotzdem ist es sich seiner Schwäche bewusst und sucht deshalb Schutz bei seiner Mutter, an die es sich schmiegt, um ihre Wärme zu spüren. Es sucht nicht nur im physischen, sondern auch im psychischen Bereich nach einem Halt. Wenn ein Kind erkennt, dass seine Mutter oder sein Vater den Anforderungen nicht gewachsen sind, fühlt es sich verloren oder lehnt sich auf. Hier liegt der Grund für viele Tragödien.

Die Kinder erwarten von ihren Eltern, dass sie keinerlei Schwäche zeigen. Deshalb ist es auch falsch, wenn die Eltern akzeptieren, dass ihr Kind einen erteilten Auftrag nicht ausführt. Sie müssen auf die Ausführung ihrer Anordnungen bestehen, sonst erkennt das Kind ihre mangelnde Entschlossenheit und Standhaftigkeit, und dieser Eindruck von den Eltern untergräbt dann seine Erziehung.

In Bezug auf dieses Thema möchte ich einen sehr interessanten Punkt hervorheben. Ein Erwachsener überlegt, bevor er handelt, ein Kind aber nicht, weil sein Gehirn noch nicht dazu fähig ist. Bei ihm steht also die Handlung an erster Stelle, deshalb muss es die Anordnungen der Erwachsenen ohne zu diskutieren ausführen. Das Kind handelt im Vergleich zum Erwachsenen genau umgekehrt. Wenn es verstehen wollte, bevor es handelt, würde es nie etwas tun. Es muss folglich handeln, bevor es versteht, und wenn es denen vertraut, die bereits verstehen, dann fördert es seinen eigenen Entwicklungsprozess im Denkbereich, denn der Verstand manifestiert sich erst später.

Wenn die Kinder die Anordnungen ihrer Eltern genau befolgen, können sie intelligent werden, denn die Intelligenz, die wahre Intelligenz, ist bereits eine Arbeit. Eine Handlung lässt immer auf einen leitenden Gedanken schließen. Bei einer gut ausgeführten Arbeit ist einem klar, dass es sich nur um das Werk einer hohen Intelligenz handeln kann. Ob diese Intelligenz nun sichtbar oder unsichtbar, bewusst oder unbewusst ist, das ist eine andere Sache.

Das Kind muss ohne Erklärungen tun, was man von ihm verlangt. Wenn die Mutter ihren kleinen Jungen mitnimmt, braucht sie ihm nicht im Einzelnen zu erklären, wohin sie geht. Er hat Vertrauen zu ihr und gibt ihr sein Händchen. Er weiß, dass sie ihn nicht – symbolisch ausgedrückt – zu Schlangen, Bären oder Wildschweinen führt, die über ihn herfallen. Auf diese Weise macht das Kind Fortschritte. Andere, die kein Vertrauen zu ihren Eltern haben oder unabhängig und frei sein wollen, können ihre Intelligenz nicht richtig entwickeln.

»Ja, aber wir kennen Familien, in denen die Kinder viel intelligenter sind als ihre Eltern und ihnen deshalb Widerstand leisten.« Erzählt mir doch keine Geschichten. Gut, ich weiß, es gibt außergewöhnliche Kinder, aber die sind sehr selten. Ich meine die Allgemeinheit, und in Bezug auf diese Allgemeinheit glaube ich demjenigen ganz bestimmt nicht, der mir einreden will, dass die meisten Kinder Genies sind und sich mit Recht gegen ihre dummen Eltern auflehnen. Nein, in dem Moment, wo ein Kind in die eine oder andere Familie hinein geboren wurde, gibt es einen Grund dafür. Jetzt, wo es bei dieser Familie lebt, ist es zu spät zum Urteilen oder Kritisieren. Wenn es derart genial ist, warum hat es sich dann bei stumpfsinnigen Leuten inkarniert?[2] Es ist sicherlich zu ihnen gegangen, weil es bei ihnen eine Lehre durchmachen will, und während dieser Lehrzeit muss es auf seine Eltern hören. Später werden wir dann weitersehen. Es hat sogar Königssöhne gegeben, die als einfache Soldaten in die

Armee gesandt wurden, damit sie dort wie die anderen behandelt – und manchmal misshandelt – wurden.

Also darf das Kind nicht diskutieren und kritisieren. Es hat kein Recht, Unordnung und Anarchie einzuführen. In dem Moment, wo es in diese Familie gekommen ist, darf es nicht mehr aus der Reihe tanzen. Erst wenn es Beweise seiner Überlegenheit gegeben hat, kann es tun, was es will, aber nicht vorher. Wenn das Kind auf seine Eltern hört und tut, was von ihm verlangt wird, dann erwacht sein Verstand, und nach und nach versteht es dann selbst den Grund seines Tuns.

Natürlich gibt es Fälle, wo die Unerbittlichkeit der Eltern katastrophale Folgen haben kann. Nehmen wir an, ein Kind hätte zum Beispiel spirituelle Bedürfnisse und würde von seinen groben, unwissenden, unehrlichen Eltern daran gehindert, sein Ideal zu verwirklichen, weil dieses ihren Horizont weit übersteigt. Mit ihrer Unbeugsamkeit können sie beim Kind damit viel Schaden anrichten. Deshalb brauchen allgemeine Richtlinien immer auch weitere Nuancen und Erklärungen.

Bevor sie Stellung nehmen, eine Erlaubnis erteilen oder sie kategorisch verweigern, müssen die Eltern die Folgen sehr gut abwägen. Aber wie können sie das, wenn sie kein Unterscheidungsvermögen besitzen? Sie müssen sich also erst einmal selbst belehren lassen, bevor sie sich äußern können, denn es gibt zahlreiche Faktoren zu beachten: Ist das Kind stark genug?... Ist es der richtige Augenblick?... Ist es für sein Wohl?... Hat es besondere, zu schützende Talente?... Selbst in Bezug auf die Nahrung müssen sie bestimmte Gesichtspunkte in Betracht ziehen und dürfen das Kind nicht zwingen, das zu essen, was sie für sich selbst für richtig halten.

Ich wiederhole also: Vater und Mutter dürfen so lange keinen absoluten Gehorsam von ihrem Kind verlangen, wie sie sich nicht folgende Fragen gestellt haben: »Verlange ich etwas Gutes, Gerechtes, Göttliches von ihm? Ist dies sein tiefster Seelenwunsch oder wird dies seiner Entwicklung schaden?« Wenn sie alles gut ergründet haben, klar erkennen und begreifen, was für das Kind gut ist, dann sollen sie kategorische, unwiderrufliche Anweisungen geben – sei es eine Erlaubnis oder ein Verbot –, und das Kind muss sich dann danach richten.

Kinder müssen begreifen, dass es Gesetze gibt, denen auch die Eltern folgen müssen. Selbst die Eingeweihten gehorchen diesen hohen Gesetzen der Natur, sie sind übrigens die Ersten, die sich danach richten. Die Gesetze der Menschen, die nicht immer gerecht sind, kennen sie vielleicht weniger, aber den ewigen, universellen Gesetzen bringen sie immer vollen Respekt und Gehorsam entgegen.[3] Diesen Respekt müssen die Schüler der Universellen Weißen Bruderschaft auch lernen und dann an ihre Kinder weitergeben.

Versteht mich also richtig. Man soll die Kinder selbstverständlich sehr lieben, aber man muss wissen, wann und wie man diese Liebe äußern soll. In manchen Fällen sollte man statt Liebe eher Weisheit zeigen, nur unter dieser Bedingung kann man wirklich von einer erleuchteten und segensreichen Liebe sprechen. Die schwache und dumme Liebe wird zum Verhängnis.

Weiterführende Literatur
1. Siehe Band 3 der Reihe Gesamtwerke »Die beiden Bäume im Paradies«, Kapitel 4: »Die magische Kraft der Gesten und des Blickes«.
2. Siehe Band 233 der Reihe Izvor »Eine Zukunft für die Jugend«, Kapitel 11: »Warum wird man in diese oder jene Familie hineingeboren?«.
3. Siehe Band 12 der Reihe Gesamtwerke »Die Gesetze der kosmischen Moral«.

Kapitel 11

Erziehung und Unterricht

Teil 1

Man hat mir schon oft Fragen zum Thema Kindererziehung gestellt, und ich habe gesagt: »Seht einmal, in den letzten Jahren wurde für die Kinder und Jugendlichen viel in den Schulen getan. Aber was ist besser geworden? Das Äußerliche. Man baute ihnen größere, schönere Schulen mit Labors, Radios, Kinos, Fernsehgeräten, Sportplätzen, Schwimmbädern usw., aber die Kinder selbst haben sich dennoch nicht gebessert.«

In der Vergangenheit nahm man das Äußere nicht so wichtig. Irgendein Gebäude oder sogar ein Stall konnte als Schule dienen. Der Wind pfiff durch die Fensterritzen, die mit ein bisschen Papier abgedichtet wurden; es gab keinen Holzvorrat, die Kinder kamen von weither und brachten alle ein Holzscheit mit, um das Feuer in Gang zu halten. Oft gab es nicht einmal Bücher, nur der Lehrer hatte eines. Aber aus solchen Schulen gingen außergewöhnliche Menschen hervor, starke und edle Charaktere, Vorbilder, während heute, trotz aller materiellen Verbesserungen, Gauner, gerissene und selbstsüchtige Kreaturen aus den Schulen entlassen werden. Ja, sie haben viel gelernt, aber sie können nur zitieren, um damit anzugeben, ihr Charakter jedoch ist nicht besonders standhaft oder edel.

Soll ich euch erzählen, wie es bei mir war, als ich in die Schule ging? Mein Vater war gestorben, als ich noch sehr klein war, und wir waren arm. So arm, dass meine Mutter mir keine Bücher kaufen konnte. Oft verließ ich morgens sogar ohne Frühstück das Haus, um ins Gymnasium zu gehen, und während der Unterrichtsstunden war ich so müde, dass ich beinahe einschlief. In der Pause borgte ich mir von meinen Kameraden die Schulbücher, um schnell etwas von der Lektion zu lernen, und wenn der Lehrer mich fragte, versuchte ich mich an das zu erinnern, was ich während der wenigen Minuten gelesen hatte. Heute stelle ich fest, dass all diese Schwierigkeiten, mit denen ich zu kämpfen hatte, bestimmte Fähigkeiten in mir weckten, von denen ich später profitierte. Ein bequemes Leben benebelt. Diejenigen, die der Menschheit bedeutende Dinge gebracht haben, sind nicht jene, denen es zu gut ging. Hört einmal hin womit sich die Leute, die nie etwas entbehrt haben, befassen: mit belanglosen und idiotischen Dingen...

Manche sagen: »Aber die gut ausgestatteten Schulen sind sehr nützlich, unsere Kinder können Techniker und Ingenieure werden.« Ja, gewiss, sie können werden, was sie wollen. Aber hängt das Glück der Menschheit unbedingt vom technischen Fortschritt, von Komfort und Geschwindigkeit ab? Ich habe nichts gegen den Fortschritt, aber man muss wissen, welche Richtung er nimmt. Heute interessieren sich die Menschen nur für den materiellen Fortschritt, so als gäbe es keine anderen Bereiche, in denen man auch voranschreiten sollte. Ich bin mit dem Fortschritt völlig einverstanden, aber mit welchem Fortschritt? Trotz aller technischen Verbesserungen, die schon realisiert wurden, hat sich das Leben als solches nicht verbessert. Die Menschen sind nicht glücklicher, nicht zufriedener oder lichtvoller, sie sind noch nicht einmal gesünder![1]

Bei dem sicherlich lobenswerten Wunsch, das Äußere zu verbessern, hat man das Innenleben, den Charakter vergessen. Die Erzieher, die Lehrer und selbst die Eltern glaubten, es genüge, den Kindern bessere Bücher und perfekteres Material zur Verfügung zu stellen. Aber leider wurden dadurch keine besonders guten Ergebnisse erzielt. Viele sind sich dessen natürlich bewusst und erkennen, dass trotz dieser Verbesserungen und auch trotz aller Zurechtweisungen und Strafen die Kinder selbst nicht besser werden, im Gegenteil. Warum? Weil sie keine lebendigen Vorbilder haben.

Die Ausbilder und Erzieher können nur dann gute Resultate erzielen, wenn sie selbst Vorbilder sind. Die ersten Erzieher sind die Eltern. Und wenn diese ihre Aufgabe verfehlen, wenn sie Ratschläge geben und das Gegenteil davon tun, merken die Kinder, dass etwas nicht stimmt. Von dem Augenblick an verlieren die Eltern nicht nur ihre Autorität, sondern die Kinder eifern ihrem Beispiel nach. Sie erkennen, dass es zwei Wahrheiten gibt, eine für die anderen und eine für sich selbst, und dass man tun kann, was man will, unter der Bedingung, den Schein zu wahren. Also üben sich alle fleißig im Täuschen und Betrügen, denn dieses Beispiel haben sie ständig vor Augen.

Gegenwärtig sind die meisten Pädagogen Intellektuelle ohne wahre Berufung für ihre Arbeit. Sie haben Bücher gelesen, die ihnen einige oberflächliche Kenntnisse vermitteln, aber innerlich lassen sie jegliche Pädagogik vermissen. Ein wahrer Pädagoge muss dazu geboren sein. Die Kinder werden allein schon durch seine Anwesenheit, seinen Blick und seine Ausstrahlung erzogen. In der Geschichte gab es Männer und Frauen mit dieser angeborenen Liebe und moralischen Fähigkeiten, die einen starken Einfluss auf die Kinder ausüben. Kinder sind genauso empfindsam wie Tiere, die von weitem fühlen, ob jemand ihnen überlegen ist oder nicht. Nehmt das Pferd: Wenn es fühlt, dass der Reiter ein Feigling ist – hopp – da liegt er schon am Boden! Andernfalls gehorcht es. Kinder besitzen die gleiche natürliche Intuition.

Trotz allem gibt es mehr und mehr Lehrer und Erzieher, die ihre pädagogischen Methoden in Frage stellen. In absehbarer Zeit werden sie erkennen, dass sie die Jugend nur dann erziehen können, wenn sie selbst ein einwandfreies Verhalten zeigen, denn sonst haben sie keinen guten Einfluss auf sie. Und warum ist das so? Kinder haben, wie ich euch schon sagte, den Spürsinn eines Tieres und ihr Urteil ist im Allgemeinen unfehlbar. Ich habe keine Angst vor dem Urteil der Erwachsenen, aber ich fürchte das der Kinder, denn es ist unerbittlich. Für mich ist die Meinung der Kinder sehr wichtig, denn sie sehen, fühlen und empfinden die Wahrheit.

Als ich während des Krieges 1914-1918 Schüler am Gymnasium von Varna war, waren die meisten unserer Lehrer an der Front, und wir wurden also eine Zeit lang durch Ersatzkräfte unterrichtet. In einem Jahr hatten wir zwei verschiedene Mathematiklehrer. Wenn der erste in die Klasse kam, löste er immer einen ohrenbetäubenden Lärm aus. Die Schüler fingen an zu lachen und machten sich über ihn lustig. Er konnte tun, was er wollte, um die Ruhe wieder herzustellen, er konnte schreien, gestikulieren und drohen, es war nichts zu machen. Er holte sogar den Rektor, aber sobald dieser wieder gegangen war, begann das Getöse und das Lachen aufs Neue. Er war eigentlich ein netter Mensch und ich hatte Mitleid mit ihm, ich konnte nicht verstehen, warum meine Kameraden so grausam zu ihm waren. Eines Tages war ich über ihr Verhalten sogar so entrüstet, dass ich in seiner Abwesenheit das Wort ergriff und ihnen sagte, dass ihr Benehmen wirklich nicht nett sei. Sie stimmten dem zu und wollten sich bessern. Ein oder zwei Tage war es erträglich und dann fing der Krach wieder an. Im Grunde hätte man sagen können, dass der Lehrer selbst bei den Schülern diese Reaktion hervorrief, so als ob er etwas ausströmte, das Lärm und Gelächter auslöste.

Eines Tages verließ er uns und wurde durch ein kleines Männlein ersetzt, das gemächlich in die Klasse trat und uns nicht einmal anschaute. Aber sobald dieser Lehrer erschien, nahmen die Schüler schweigend ihre Plätze ein und rührten sich nicht mehr. Er legte sein Buch auf das Pult und begann mit ruhiger Stimme den Unterricht. Er wurde nie zornig und er drohte oder bestrafte uns nie. Er beherrschte den Unterrichtsstoff perfekt und zögerte nie, und wir waren alle gezwungen zu arbeiten. Damals war ich fünfzehn oder sechzehn Jahre alt und stark beeindruckt. Dieses kleine unscheinbare Männlein, das nichts Besonderes an sich hatte, habe ich immer noch in Erinnerung. Nicht nur sein Wissen, sondern auch seine Gegenwart und seine ganze Ausstrahlung geboten uns Ehrfurcht. In den Schulen und

Universitäten gibt es einige ähnliche Lehrer, die sofort, fast ohne ihr eigenes Dazutun, von den Schülern und Studenten respektiert werden.

Es gibt auch Yogis, die inmitten der indischen Wälder unter Tigern und Kobras leben, ohne dass es die Tiere wagen, sich ihnen zu nähern oder ihnen etwas anzutun. Die Tiere nehmen die durch die Reinheit und Tugenden hervorgerufenen Schwingungen der Yogis wahr und respektieren sie, während sie sich auf andere stürzen, sie beißen oder verschlingen.

Der Unterricht gewinnt deshalb mehr und mehr an Bedeutung, weil jeder weiß, dass er mit einer guten Ausbildung die beste, angesehenste und bestbezahlte Stellung bekommen kann. Die Erziehung wird unterdessen vernachlässigt, weil sie keine dieser Vorteile bringt. Im Gegenteil, wer den moralischen Eigenschaften den Vorzug gibt, wird fast immer durch schlaue, skrupellose Individuen verdrängt. Außerdem ist es viel schwieriger, seinen Charakter zu verbessern, als Universitätsdiplome zu erringen.[2]

Auch hier liegt in jedem Fall die Schuld bei den Eltern. Gewiss, sie sind froh, wenn sie folgsame, aufrichtige, respektvolle und ehrliche Kinder haben, aber sie schätzen es noch viel mehr, wenn ihre Sprösslinge die Ersten in der Klasse sind oder sich durch das Vortragen eines Gedichts oder eines kleinen Theaterstücks hervortun. Für die Eltern zählen die intellektuellen

Fähigkeiten ihrer Kinder viel mehr als die moralischen; das habe ich beobachtet und festgestellt. Später, wenn ihre Kinder etwas gelernt haben, ja, sogar gelehrt sind und durch wer weiß was für eine Philosophie beeinflusst wurden, lehnen sie sich gegen ihre Eltern auf, sie kritisieren sie und machen ihnen Vorwürfe. Dann sind die armen Eltern zutiefst erstaunt. Sie hatten für die Ausbildung ihrer Kinder doch so viele Opfer gebracht, und jetzt nutzen diese das Wissen aus, um ihnen das Leben schwer zu machen!

Deshalb sage ich allen, die Kinder haben: Wenn ihr vermeiden wollt, dass sich das Wissen eurer Kinder eines Tages gegen euch richtet, akzeptiert die Wahrheiten der Einweihungswissenschaft und steigert das Licht in euch, dann werdet ihr den Geist eurer Kinder hundertmal besser prägen können als ihre Lehrer.

Die Erwachsenen dürfen sich nicht einbilden, dass sie mit einer guten Schulbildung für ihre Kinder das Wesentliche getan haben. Nein, das ist eine Illusion, die nur zu Zwietracht zwischen den beiden Generationen führen kann. Die Jugendlichen erwerben Kenntnisse in den Schulen, die die Eltern bei weitem nicht besitzen, und wenn die jungen Leute mit ihren Diplomen und ihrer so genannten Überlegenheit wieder nach Hause kommen, was kriegen die Eltern da nicht alles zu hören! Dann sind sie über ihre undankbaren, groben, ungestümen Kinder traurig und unzufrieden. Aber wer ist schuld daran?

Sie selbst! Warum haben sie selbst sich nicht um helleres Licht und edlere Tugenden bemüht, damit die Kinder trotz ihres Wissens immer ihre Überlegenheit anerkennen? Ja, dieses Ziel sollten sich alle Eltern setzen: so edel, erhaben, lichtvoll und stark zu werden, dass sie absolut unübertrefflich sind.

Wenn die Eltern mit ihren Kindern wirklich eng verbunden bleiben wollen, wenn sie geliebt, bewundert und nie im Stich gelassen werden wollen, müssen sie ihnen ein hervorragendes Beispiel sein. Denn sonst sind die Kinder für sie verloren, das kann ich ihnen schon jetzt sagen. Wenn man immer nur den leichtesten Weg wählt, werden sie schwach und verwundbar, und wenn eines Tages Probleme auf sie zukommen, brechen sie zusammen. Und wozu kann das gut sein? Man darf es nicht so weit kommen lassen, sondern man muss nachdenken und die Schwierigkeiten in dem Moment überwinden, wo sie auftreten.

Heutzutage bemerkt man alle möglichen Anomalitäten, die auf die übertriebene Wichtigkeit des intellektuellen Wissens zurückzuführen sind. Gewiss, Bildung ist nötig und unentbehrlich, aber man überfordert Kinder und Studenten mit viel unnützen Kenntnissen, die sie übrigens bald nach ihrem Studium und den abgelegten Prüfungen wieder aus ihrem Gehirn verdrängen. Warum eignet man sich so viel Wissen an und verliert so viele Jahre, um im Endeffekt doch nur alles schnell wieder zu vergessen und dabei nichts vom Wesentlichen des Lebens gelernt zu haben? Und was das Wesentliche ist, zeige ich euch an der Art, wie die Eingeweihten das Problem der Erziehung betrachten.

Die Eingeweihten wissen, dass der Mensch einem Königreich vergleichbar ist, dessen Einwohner seine eigenen Zellen sind und dessen König er selbst ist. In den meisten Fällen ist der Mensch aber leider nur ein entthronter König, der von seinem Volk gestürzt wurde, weil er es nicht verstanden hatte, weise zu regieren und nicht wusste, dass er seine Zellen zu einer korrekten Erfüllung ihrer Aufgaben hätte erziehen müssen. Anstatt sich seiner Rolle als Monarch zu widmen, jagte er allen möglichen Vergnügungen nach, so dass er keine Zeit für die Bedürfnisse seines Volkes hatte. Während er sein Dasein mit unnützen oder sogar verbrecherischen Aktivitäten verbrachte, wurde er vielleicht von seiner Umgebung, die sein Treiben nicht erkannte, bewundert; aber seine eigenen Zellen beobachteten ihn heimlich, denn vor ihnen konnte er sich nicht verbergen, und eines Tages haben sie beschlossen, diesen unwürdigen Herrscher zu stürzen.

Unsere Zellen sind lebendig, intelligent und wachsam, und da wir ständig mit ihnen in Verbindung stehen, können wir ihrer Aufmerksamkeit nicht entgehen. Sie registrieren den kleinsten Betrug, die geringste List, und nach gewisser Zeit folgen sie unserem Beispiel. Sie sagen: »Lasst uns trinken, schlemmen und alles durcheinander bringen, unser Meister ist wie wir und wir sind wie er!« Ja, davon hat man keine Ahnung: Unsere Zellen folgen unserem Vorbild.

Bevor man sich mit der Erziehung anderer befasst, muss jeder der Pädagoge seiner eigenen Zellen sein und wissen, dass ein König von seinem Volk gestürzt wird, wenn er ihm ein schlechtes Vorbild ist, denn seine Untertanen imitieren ihn. Wenn er dagegen ein Beispiel von Güte, Erhabenheit und Ehrlichkeit ist, imitieren seine Zellen auch diese Eigenschaften und setzen alles daran, ihm zu helfen. Sie werden so folgsam und strahlend sein, dass sich diese Schwingungen sogar nach außen hin manifestieren. Und gerade diese Strahlungen und Schwingungen wirken auf die Menschen, auf die Tiere und sogar auf die Vegetation.

Zuallererst spiegelt sich das, was der Mensch durch innere Arbeit, Meditation und Reinheit geschaffen hat, innerlich auf seine eigenen Zellen wider, und erst danach zeigt es sich auch im Äußeren und beeinflusst die anderen. Wenn ihr dieses Gesetz nicht kennt, könnt ihr nie etwas Wahres verwirklichen, denn alles muss zuerst im Inneren geschaffen und organisiert werden, bevor es sich auf der physischen Ebene konkretisieren kann.

Glaubt nicht, dass ihr nur anderen Menschen ein gutes oder schlechtes Beispiel seid. Nein, zu allererst seid ihr ein Vorbild für eure eigenen Zellen. Wenn sie sehen, dass ihr in Anarchie lebt, führen auch sie ein Leben in Anarchie und sind nicht zu bändigen! Wenn ihr euch dann durchsetzen wollt, hören sie nicht auf euch, und deshalb könnt ihr eure Sinnlichkeit, Wut, Esslust usw. nicht beherrschen. Habt ihr jedoch ihr Vertrauen gewonnen, dann könnt ihr große Macht auf sie ausüben. Sie helfen euch z. B. bei schlechter Stimmung schnell Frieden und Licht wiederzufinden, ihr braucht euch nur einige Minuten zu konzentrieren.

Wart ihr also euren Zellen bisher ein schlechtes Beispiel, dann müsst ihr ihnen von nun an eine bessere Einstellung, ein edleres Verhalten vorleben. Die Zellen beobachten euch, ziehen auch diese Veränderungen in Betracht und imitieren euch. Euer neues Verhalten wird euch am Anfang sicherlich unnatürlich vorkommen, aber das gibt sich mit der Zeit, und dann fühlt ihr euch ständig unterstützt und in die gleiche Richtung gedrängt.

Wenn jemand seine inneren Kinder bereits gebändigt hat und nun Menschenkinder oder auch Männer und Frauen erziehen soll, dann ist nichts Hohles oder Leeres in seinem Wesen, im Gegenteil, sein ganzes Sein ist erfüllt, machtvoll und strahlend. Jeder fühlt in ihm den wahren Pädagogen und spürt seine Ganzheit, seine Einheit.

Nichts ist Schein, denn in seinem Inneren stützen und stärken ihn alle seine Bewohner. Deshalb hat seine Gegenwart einen magischen Effekt; was immer er auch sagt, er erzielt Resultate. Sein ganzes Wesen ist es gewohnt, in der gleichen Richtung zu wirken, in ihm gibt es nicht den Zwiespalt: äußerlich dies und innerlich das Gegenteil.

Nach außen und innen das gleiche Verhalten zeigen, das ist die Vollständigkeit und Einheit, die jeder anstreben soll. Unter dieser Voraussetzung hat man als Pädagoge und Erzieher einen sehr starken Einfluss. Hier liegt die wahre Macht, die magische Macht, weil jede Zelle des Menschen etwas Wahrhaftiges ausstrahlt. Sonst gehen nur von dem sprechenden Teil ein paar Strahlen der Wahrheit aus und alles andere schreit: »Nein, nein, das stimmt nicht!«

Die wahre Magie liegt in der Wahrheit, in der Einheit, denn sie setzt immer eine Vereinigung aller Kräfte, aller Energien voraus. In Durcheinander und Zerstreuung gibt es keine Magie. Aber versteht mich richtig, wenn ich von Magie spreche. Ich befasse mich nicht mit Magie und lese keine Bücher über Zauberkunst und Hexerei. Vor langer Zeit habe ich einmal in solchen Schriften geblättert, um mir eine Vorstellung davon zu machen, aber ich habe keine Zeit für solche Lektüre. Für mich ist das ganze Universum, das ganze Leben Magie: Das wahre magische Buch liegt offen vor jedermann, nur versteht keiner darin zu lesen.

In Wirklichkeit gibt es drei Kategorien von Erziehern: Die Ersten fordern von ihren Kindern oder Schülern, dass sie gewisse Regeln befolgen, während sie selbst es nicht tun. Die Zweiten geben tatsächlich ein gutes Beispiel, aber nur aus Eigenliebe und Eitelkeit, um ihr Ansehen zu wahren, und erlauben sich insgeheim viele Übertretungen. Die dritte Kategorie schließlich sind die Eingeweihten, die wahren Pädagogen. Sie leben nicht im Zwiespalt. Alles was sie sagen oder wünschen stimmt vollkommen mit ihnen selbst, mit ihrem Körper und ihrem Wesen überein. So weit sollte jeder kommen.

Deshalb sage ich euch: Für mich ist die Sonne der größte Pädagoge.[3] Ja, sie ist mein Meister. Sie enthüllte mir: »Alle so genannten Pädagogen haben von der wahren Pädagogik keine Ahnung, das kannst du mir glauben. Sie wissen nicht, dass man selbst Wärme besitzen muss, um die anderen zu erwärmen, dass man selbst lichtvoll sein muss, um die anderen zu erleuchten, dass man selbst das Leben in sich tragen muss, um die anderen zu beleben. Die Erzieher wollen der jungen Generation moralische Qualitäten vorschreiben, die sie selbst nicht besitzen und für die sie kein Beispiel sein können. Wie soll die Jugend dabei nicht aufständisch sein? Es ist ganz normal, dass sie nicht mehr gehorcht!« Ja, das hat mir die Sonne gesagt.

Ein wahrer Pädagoge muss die Qualitäten, die er lehren will, selbst ausstrahlen, er muss etwas ausströmen, das die anderen ansteckt, sie anregt, dem sie nicht widerstehen können! Ein wahrer Poet oder Musiker erweckt bei seinen Mitmenschen den Wunsch, selbst Poet oder Musiker zu werden. Ein wahrer Bote der Liebe erfüllt die anderen mit Liebe. Ein mutiger, tapferer General beeinflusst seine Soldaten, die dann losstürmen und siegen. Stellt euch einen Feigling, einen Angsthasen vor, der mit zitternder Stimme ruft: »Vorwärts!« Keiner würde ihm folgen. Die Erzieher fordern: »Seid gut, seid ehrlich, seid dies, seid das...!« Und wie verhalten sie sich selbst? Was meint ihr, wie die junge Generation von solchen Leuten mitgerissen werden soll?

Die heutige Erziehung bleibt an der Oberfläche, an der Peripherie, aber die wahre Pädagogik betrifft das Zentrum. Wenn euer inneres Wesen edel, gerecht und ehrlich ist, beeinflusst ihr auch ohne Worte eure Umgebung, so dass auch sie edel, gerecht und ehrlich wird.

Die ganze magische Macht der Pädagogik liegt im Beispiel, das kann ich gar nicht oft genug wiederholen. Alles andere ist nur Zeitvertreib und Firlefanz. Man weiß, man liest, man schreibt, man erklärt und stellt Theorien auf, aber man ist selbst nicht imstande, ein Beispiel zu sein. Nein, ich lese keine pädagogischen Bücher mehr, davon gibt es zu viele, und sie widersprechen einander. Wenn ihr mir Fragen stellt zu Erziehungsmethoden in anderen Ländern, zu neuen Systemen und modernen Tendenzen, so weiß ich von all dem nichts, denn ich konzentriere meine ganze Energie, mein ganzes Wollen auf eine einzige Idee: Wie kann ich zu einem Vorbild werden. Das ist alles.

Weiterführende Literatur

1. Siehe Band 233 der Reihe Izvor »Eine Zukunft für die Jugend«, Kapitel 6: »Studieren genügt nicht, um dem Leben einen Sinn zu geben«.
2. Siehe Band 233 der Reihe Izvor »Eine Zukunft für die Jugend«, Kapitel 7: »Der Charakter ist wichtiger als das Wissen«.
3. Siehe Band 10 der Reihe Gesamtwerke »Sonnen Yoga«, Kapitel 20: »Die Sonne ist der beste Pädagoge, weil sie ein Vorbild darstellt«.

Teil 2

Wenn Erzieher und Lehrer am Ende des Schuljahres ausgelaugt sind, liegt der Grund nicht darin, dass der Umgang mit Kindern eine ermüdende Tätigkeit ist, sondern darin, dass sie eine falsche Einstellung zu ihrem Beruf haben. Sie betrachten ihn wie Lohnarbeiter, die hauptsächlich daran denken, ihren Lebensunterhalt zu verdienen. Die Kinder kümmern sie weniger, sie wollen vor allem ihre Arbeit so schnell wie möglich beenden. Sie sind sich der Größe ihrer Aufgabe gar nicht bewusst. Sie wissen nicht, dass sie an den Seelen der Kinder arbeiten sollen, die ihnen vom Himmel anvertraut wurden. Gewiss, die Kinder haben viele Fehler, aber in dem Moment, wo man den Beruf eines Erziehers gewählt hat, muss man auch die Zukunft der Kinder in Betracht ziehen, ihnen Aufmerksamkeit schenken und sie lieben. Da Kinder ein starkes Empfinden für Liebe und Zärtlichkeit haben, ändern sie sich schließlich nach einer gewissen Zeit.

Als ich noch in Bulgarien lebte – das ist jetzt schon über fünfzig Jahre her – kannte ich eine sehr alte Frau, die sich gegen Ende ihres Lebens entschlossen hatte, lesen und schreiben zu lernen. In ihrer Jugend hatte sie nie eine Möglichkeit dazu gehabt, und nun, im Alter von 70 Jahren, bat sie, in die Schule gehen zu dürfen. Dies spielte sich in einem kleinen Dorf ab, und der Lehrer war einverstanden. Aber stellt euch die Reaktion der Kinder gegenüber einer alten Frau vor, die wie sie auf der Schulbank saß! Sie machten sich über sie lustig und ärgerten sie. Aber die alte Dame wurde nie böse, sondern liebkoste und umarmte die Kleinen und brachte ihnen kleine Geschenke mit, so dass die Kinder sie nach einiger Zeit nicht mehr verspotteten, sondern sie verehrten. Eines Tages, als sie sich erkältet hatte und nicht in die Schule kommen konnte, bekam sie Besuch von ihren kleinen Kameraden, die sie alle baten, schnell wieder gesund zu werden, um recht bald wieder zurückzukommen, denn ohne sie wollten sie nicht weiter lernen.

Damit man aber eine solche Wirkung auf die Kinder ausüben kann, muss man viel Liebe und viel Geduld haben. Mitunter gab es außerordentliche Erzieher, wie z. B. Pestalozzi, der nicht besonders gebildet war, der aber durch seine Liebe große Erfolge bei schwierigen Kindern erzielte. Solche Fälle sind jedoch selten. Ich weiß, dass die Erziehung der Kinder eine enorme Arbeit ist und kann ein Wort mitreden, weil ich in Bulgarien selbst Erzieher und später Leiter eines Gymnasiums war und gesehen habe, welche Auswirkungen Liebe und Geduld auf Kinder haben. Die Eltern kamen aufgrund der Erzählungen ihrer Kinder, dankten mir und brachten so viele Geschenke, dass ich nicht mehr wusste, wohin damit. Als ich später nach Frankreich ging, haben mich alle zum Bahnhof begleitet. Alle weinten!... Das kann ich nie vergessen. Noch heute denke ich oft an diese Kinder, von denen viele mittlerweile sicherlich schon Großväter und Großmütter sind!

Würden die Pädagogen in die Herzen und Seelen der Kinder bewusst spirituelle Elemente einfließen lassen, dann würden die Kinder diese Männer und Frauen, die etwas für sie getan haben, ihr Leben lang nicht vergessen, weil diese Elemente immer in ihnen weiterwirken. Im gegenwärtigen Zustand der Dinge erinnern sich die Kinder nicht einmal mehr an ihre Erzieher oder Lehrer, und falls sie sich erinnern, dann fast immer nur, um sie zu verachten und sich Jahre später noch über sie lustig zu machen. Ihre Arbeit war also völlig sinnlos, denn ihr fehlte das Licht, das Bewusstsein und die Liebe.

Wenn man die Kinder liebt, ist man weniger erschöpft, weil dann das Nervensystem nicht angegriffen wird. Aber ohne Liebe, ohne Geduld, ohne Glauben an den Erfolg und die Gewissheit, Freunde zu gewinnen, die sich ihr Leben lang an euch erinnern werden, seid ihr verloren.

Vor allem solange die Kinder noch ganz klein sind, könnt ihr durch eure Liebe zu ihnen deren Schutzengel gewinnen. Jedes Kind hat einen Schutzengel, der über es wacht und es erziehen will. Aber oft stößt er auf große Schwierigkeiten, weil das Kind anderen Einflüssen ausgesetzt ist. Er gibt Acht und behütet es, aber er kann nicht alles tun, und wenn jemand seinem Schützling hilft, freut er sich und belohnt ihn. Demnach gewinnt ihr durch gute Arbeit nicht nur die Kinder und deren Eltern – denn sie erzählen zu Hause alles über ihre Erzieher und Lehrer –, sondern auch die Schutzengel. Also, ist das nicht der Mühe wert? Anstatt sich so schnell wie möglich der Kinder entledigen zu wollen... Sonst sollte man lieber kein Pädagoge sein und den Beruf wechseln.

Wer mit Kindern arbeiten will, muss gewisse Methoden kennen. Meinetwegen braucht ihr nicht einmal an die Kinder, sondern nur an euch selbst zu denken. Versucht ruhiger, geduldiger und aufmerksamer zu handeln, damit ihr nicht ermüdet oder zusammenbrecht, dann spart ihr viel Energie, denn sonst seid ihr dauernd nervös, angespannt und werdet schließlich krank.

Viele Erzieher und Lehrer schimpfen ständig auf die Kinder, weil sie selbst nicht imstande sind, sie zu bessern. Aber welche Vollkommenheit repräsentieren sie denn selbst, dass sie sie ändern wollen? Wie können sie behaupten, Kinder erziehen zu wollen, wo die meisten von ihnen doch so alltäglich und durchschnittlich sind? Sie haben keinerlei Berufung zu dieser Arbeit. Manche haben den Körperbau eines Schlachters und sind trotzdem Erzieher! Es ist ihnen noch nie in den Sinn gekommen, dass ihre Aufgabe darin besteht, an der Seele und dem Geist des Kindes zu arbeiten und dort durch die Macht der Liebe etwas Göttliches einzuprägen. An welcher Universität wird den zukünftigen Pädagogen die Macht der Liebe erklärt? Wo wird gelehrt, dass gerade die Liebe alles wandelt, dass sie eine erzieherische Kraft ist und alles bessert?

Ich habe schon immer gesagt, dass Erzieher oder Pädagoge der beste und edelste Beruf ist. Natürlich teilt nicht jeder diese Meinung, die meisten schätzen diesen Beruf überhaupt nicht. Physiker, Rechtsanwalt oder Mediziner zu sein, ja, das lohnt sich, aber Erzieher und auch Lehrer werden sogar ein bisschen missachtet. Was ist das schon, sich mit Kindern zu befassen? Fast nichts. Trotzdem sind gerade dies die wichtigsten und sinnvollsten Berufe. Kinder erziehen ist eine göttliche Arbeit! Deshalb habe ich schon immer gesagt, dass eine Epoche kommen wird, wo die bislang noch unterschätzte Psychologie und Pädagogik an erster Stelle stehen werden. Und diese Zeit naht!

Ich höre, dass man sich jetzt mehr und mehr mit der Frage nach dem Menschen, seiner Psychologie und Erziehung beschäftigt. Denn man hat erkannt, dass die Menschheit weder in Erfolg noch dauerhaftem Glück leben kann, solange diese Probleme nicht gelöst sind. Bald wird jeder nur noch von diesem Thema sprechen. Aber hier sollte man unterscheiden, ob man einerseits merkt, dass Änderungen notwendig sind, und ob man andererseits imstande ist, wahre Änderungen herbeizuführen. Seht einmal, was sich in der Politik abspielt. Alle reden von Veränderungen: Dieses und jenes muss verändert werden. Ja, reden ist einfach, aber wenn man nicht wirklich darauf vorbereitet ist, die Dinge auch in die Tat umzusetzen, macht man sich lächerlich, das ist alles.

Wer die Aufgabe eines Pädagogen übernehmen will, der braucht mehr als drei oder vier Jahre Studium an der Universität; er muss sein ganzes Leben, ja, sogar mehrere Leben lang lernen. Denn das Geheimnis der Pädagogik liegt im Einweihungswissen. Man muss in seinem Inneren, in seinem Herzen, in seiner Seele und in seinem Geist ein pädagogisches Element besitzen, dessen Schwingungen und Ausstrahlung dann die anderen beeinflussen. Dann wird man euch imitieren wollen, ohne dass ihr auch nur den Mund aufmacht. Die Menschen spüren das Licht, die Wärme und das Leben in euch; und dieses Licht, diese Wärme und dieses Leben helfen ihnen, besser zu verstehen, was ihr ihnen erklären wollt.

Übrigens wirkt man nicht so sehr auf die Menschen ein, indem man sein Wissen vor ihnen ausbreitet. Dieses Wissen ist bestimmt ein machtvolles Mittel; durch gute Argumente kann man den Leuten vieles verständlich machen, aber das genügt nicht, sie rühren sich doch nicht, auch wenn sie alles begriffen haben. Nur Liebe, Überzeugung und Glaube sind anregende und inspirierende Kräfte.[2] Sie sind lebendige Energieströme. Die wahre Macht liegt in der Liebe und im Glauben. Wer ausschließlich intellektuelles Wissen besitzt, steht den Schwierigkeiten des Lebens wankend, schwach und furchtsam gegenüber, während ein anderer, der Liebe und Glauben in sich trägt, auch ohne besonderes Wissen vorankommt, sich erhebt und allen Hindernissen trotzt.

In den Evangelien heißt es: »Wenn ihr Glauben habt wie ein Senfkorn, so könnt ihr sagen zu diesem Berge: Hebe dich dorthin! So wird er sich heben.« (Mt 17,20) Natürlich ist das symbolisch gemeint. Jesus hat nie gewollt, dass die Menschen die Berge versetzen! Sie liegen gut, dort wo sie sind und versucht nicht, sie zu versetzen; lasst sie in Ruhe. Die Natur hat sie mit viel Weisheit dorthin gelegt, damit sie bestimmte Strömungen und Strahlungen übermitteln. Jesus sprach von anderen Bergen, die sich im Intellekt, im Herzen und im Willen befinden. Diese Gebirge der Finsternis, des Egoismus und der Faulheit bleiben unbeachtet, statt dessen will man sich an die schönen unschuldigen Berge, die Gott geschaffen hat, heranmachen. Hat Jesus Berge versetzt? Nein, mit solchen Dingen hat er sich nicht befasst, er hat jedoch andere Berge, Königreiche und ganze Kontinente im Kopf und im Herzen der Menschen versetzt, ja, er hat die ganze Erde auf den Kopf gestellt.

Ihr müsst mich heute aber richtig verstehen: Wissen allein genügt nicht, ihr müsst an eurer Liebe, eurem Glauben und eurem Mut arbeiten, sonst bleibt ihr schwach und reagiert genau wie jener, der seine ganze Zeit in den Bibliotheken verbringt und derart in die Bücher vertieft ist, dass er darüber sogar das Essen vergisst. Er liest und liest und wird dabei kränklich, bleich und leblos, so dass er nach einiger Zeit sogar das Lesen aufgeben muss. Wenn ihr trotzdem das Bücherwissen vorzieht, habe ich nichts dagegen, aber dabei vertrocknet ihr und strahlt weder Liebe noch Güte aus, dann findet man nur einen kalten, verdorrten Intellekt bei euch, der diskutiert, kritisiert und alles auseinandernimmt, aber selbst unfähig ist, sich aus seiner inneren Unordnung zu befreien.

So ergeht es oft den Philosophiestudenten. Wenn sie ihre Studien an der Universität beendet haben, sind sie durch die vielen verschiedenen und widersprüchlichen Ideen und Systeme, die sie studiert haben, völlig orientierungslos. Das ist ganz normal, denn beim Philosophiestudium findet man alles, außer der wahren Philosophie. Man bietet menschliche Hirngespinste aus verschiedenen Jahrhunderten und Ländern an, aber diese so genannten Philosophen sind oft nichts anderes als ziemlich gewöhnliche Menschen, die die Probleme nur aus der Sicht ihres begrenzten Intellekts betrachteten. Außer den Denkern, die ich in den Vorträgen über die ägyptischen Einweihungen[3] erwähnt habe und die das wahre Wissen der höheren Welt besaßen, bringen die Philosophen, die man heute studiert, die Jugendlichen aus dem Gleichgewicht und nehmen ihnen das Unterscheidungsvermögen zwischen dem Wahren und dem Falschen und rauben ihnen ihren Glauben.

Was kann man mit Jugendlichen anfangen, die an nichts mehr glauben und in Unordnung leben? Ist dies das Ziel der Philosophie? Was nützt es zu wissen, was der eine oder andere Dummkopf gedacht hat? Die jungen Menschen brauchen nur eine Philosophie, die einzig wahre Lehre, und zwar die, die im großen Buch der lebendigen Natur geschrieben steht. Aber diese Philosophie kennen die Lehrer selbst nicht und unterrichten eine Mischung aus falschem und wahrem Gedankengut, wobei das falsche überwiegt. Wenn die Studenten weiterhin auf diese Art und Weise gelehrt werden, muss man sich im Klaren darüber sein, dass hierdurch Wellen von Anarchie und Selbstmord vorbereitet werden.

Jetzt begreift also, dass nur die wahre Philosophie euch das Leben, die Liebe und den Glauben vermitteln kann. Versucht, sie zu bewahren und stürzt euch nicht Hals über Kopf in Vorstellungen, die vielleicht originell klingen, euch aber nichts Gutes bringen. Der Beweis hierfür liegt darin, dass ihr weder stärker noch strahlender geworden seid, denn ihr esst nicht das Leben und trinkt nicht das Licht: Ihr begnügt euch mit unbedeutenden oberflächlichen Details, anstatt die Dinge zu vertiefen.

Jeder kann schließlich tun, was er will, aber ich kenne schon im Voraus das Ergebnis, je nachdem ob ihr eure Nahrung aus dem wahren Leben oder aus Büchern bezieht. Bisher habt ihr noch nicht klar erkannt, welcher Unterschied zwischen lesen und sich ernähren besteht. Ich habe keine Zeit zum Lesen, aber ich lese das Buch der Natur und auch auf euren Gesichtern und in euren Herzen. Hauptsächlich lese ich aber in der Sonne: Sie ist das Buch, in das ich mich täglich vertiefe.[4] Jeden Tag schenkt sie mir neue Offenbarungen, die ich ab und zu an euch weitergebe. Später, wenn ihr gelernt habt, das Buch der lebenden Natur zu entziffern, werdet auch ihr weniger Bücher lesen.[5]

Morgens beginnt ihr euren Tag mit dem Frühstück und schöpft dadurch Kräfte für alle eure Arbeiten. Wenn ihr nichts gegessen habt und den Tag in einer Bibliothek verbringen wollt, seid ihr schläfrig und versteht nichts von dem, was ihr lest. Wer arbeiten will, braucht

Energie, und wer Energie haben will, muss essen, das weiß jeder. Aber warum begreift man dann nicht, dass dasselbe Gesetz auf spiritueller Ebene auch gültig ist?[6]

Sucht also nach lebendiger, frischer, spiritueller Nahrung, und nehmt sie in euch auf, genau wie ihr morgens die Sonnenstrahlen aufnehmt. Ihr braucht reine Nahrung, die von der Quelle kommt, die wie das Leben selbst ist: einfach und kräftig, die erleuchtet, den Durst stillt und belebt![7] Und genau diese Nahrung bekommt ihr hier. Ich habe euch übrigens oft gesagt: Hier sind wir nicht in einer Universität, sondern in einem Restaurant.

Also freut euch, selbst wenn ihr hier nichts lernt, bekommt ihr wenigstens einen Ansporn, ihr gewinnt Begeisterung und schöpft das Leben, und das ist das Wesentliche. Erst müsst ihr voll Leben sein, und dann lernt alles, was ihr wollt!

Weiterführende Literatur

1. Siehe Band 225 der Reihe Izvor »Harmonie und Gesundheit«, Kapitel 8: »Die Zusammenarbeit mit den Naturgeistern«.
2. Siehe Band 238 der Reihe Izvor »Der Glaube versetzt Berge«, und Band 239 der Reihe Izvor »Die Liebe ist größer als der Glaube«.
3. Siehe Band 30 der Reihe Gesamtwerke »Leben und Arbeit in einer Einweihungsschule«, Kapitel 8: »Der Sinn der Einweihung«.
4. Siehe Band 10 der Reihe Gesamtwerke »Sonnen Yoga«.
5. Siehe Band 216 der Reihe Izvor »Geheimnisse aus dem Buch der Natur«.
6. Siehe Band 204 der Reihe Izvor »Yoga der Ernährung«, Kapitel 1: »Die Ernährung betrifft das ganze Wesen«.
7. Siehe Band 323 der Reihe Broschüren »Meditationen beim Sonnenaufgang«.

Omraam Mikhaël Aïvanhov

Liebe Leser,

Im Prosveta Verlag sind sehr viele Bücher von Omraam Mikhaël Aïvanhov in deutscher Sprache erhältlich. Sie behandeln fast alle Themen, mit denen der Mensch in seinem Leben und seinem Alltag konfrontiert wird. Trotz dieser Fülle an Büchern enthält jedes einzelne ein fundiertes und tiefes Wissen und eine große Weisheit. Jedes Buch vermittelt mit klaren und treffenden Worten Hilfe, Orientierung, Freude und Hoffnung.

In unserem Online-Shop finden Sie eine Beschreibung zu jedem dieser Bücher und zu weiteren Titeln. Es kann auch ein kostenloser Katalog bei uns angefordert oder heruntergeladen werden, der alle Werke enthält.

Bestellen können Sie im Verlag oder im Buchhandel. Wenn Sie ein Buch in Ihrer Buchhandlung nicht erhalten, ist es bei uns im Verlag in der Regel dennoch lieferbar. Viele Bücher sind inzwischen auch als E-Book erhältlich.

Der Herausgeber

Vom selben Autor:
Reihe Gesamtwerke

1	Das geistige Erwachen
2	Die spirituelle Alchimie
3	Die beiden Bäume im Paradies
4	Das Senfkorn – Symbole im Neuen Testament
5	Die Kräfte des Lebens
6	Die Harmonie
7	Die Reinheit, Grundlage geistiger Kraft
8	Sprache der Symbole, Sprache der Natur
9	»Im Anfang war das Wort«
10	Sonnen-Yoga, Surya-Yoga – Die Herrlichkeit von Tiphereth
11	Der Schlüssel zur Lösung der Lebensprobleme
12	Die Gesetze der kosmischen Moral
13	Die neue Erde – Anleitungen, Übungen, Sprüche, Gebete
14/15	Liebe und Sexualität (Doppelband)
16	Alchimie und Magie der Ernährung – Hrani-Yoga
17/18	Erkenne Dich selbst – Jnani Yoga (Doppelband)
19-22	Wird nicht ins Deutsche übersetzt
23/24	Eine neue Religion (Doppelband)
25/26	Der Wassermann und das Goldene Zeitalter (Doppelband)
27	Die Pädagogik in der Einweihungslehre, Band 1
28/29	Die Pädagogik in der Einweihungslehre, Band 2 und 3 (Doppelband)
30/31	Leben und Arbeit in einer Einweihungsschule
32	Die Früchte des Lebensbaums

Vom selben Autor:
Reihe Broschüren

301	Das neue Jahr
302	Die Meditation
303	Die Atmung
304	Der Tod und das Leben im Jenseits
305	Das Gebet
306	Musik und Gesang im spirituellen Leben
307	Das hohe Ideal
308	Das Osterfest – Die Auferstehung und das Leben
309	Die Aura
310	In die Stille gehen
311	Wie Gedanken sich in der Materie verwirklichen
312	Die Reinkarnation
313	Das Vaterunser
314	Das Gesetz der Gerechtigkeit und das Gesetz der Liebe
315	Die Quelle des Lebens
316	Die Nahrung, ein Liebesbrief des Schöpfers
317	Die Kunst und das Leben
318	Die wesentliche Aufgabe der Mutter während der Schwangerschaft
319	Die Seele, Instrument des Geistes
320	Menschliches und göttliches Wort
321	Weihnachten und das Mysterium der Geburt Christi
322	Die spirituellen Grundlagen der Medizin
323	Meditationen beim Sonnenaufgang
324	Der Friede, ein höherer Bewusstseinszustand
325	Das Ideal des brüderlichen Lebens
326	Die ganze Schöpfung wohnt in uns
327	Der Preis der Freiheit

Vom selben Autor:
Reihe Izvor

200	Hommage an Meister Peter Danov
201	Auf dem Weg zur Sonnenkultur
202	Der Mensch erobert sein Schicksal
203	Die Erziehung beginnt vor der Geburt
204	Yoga der Ernährung
205	Die Sexualkraft oder der geflügelte Drache
206	Eine universelle Philosophie
207	Was ist ein geistiger Meister?
208	Das Egregore der Taube – Innerer Friede und Weltfrieden
209	Weihnachten und Ostern in der Einweihungslehre
210	Die Antwort auf das Böse
211	Die Freiheit, Sieg des Geistes
212	Das Licht, lebendiger Geist
213	Die menschliche und göttliche Natur in uns
214	Liebe, Zeugung und Schwangerschaft
215	Die wahre Lehre Christi
216	Geheimnisse aus dem Buch der Natur
217	Ein neues Licht auf das Evangelium
218	Die geometrischen Figuren und ihre Sprache
219	Geheimnis Mensch. Seine feinstofflichen Körper und Zentren
220	Der Tierkreis, Schlüssel zu Mensch und Kosmos
221	Alchimistische Arbeit und Vollkommenheit

222	Die Psyche des Menschen
223	Geistiges und künstlerisches Schaffen
224	Die Kraft der Gedanken
225	Harmonie und Gesundheit
226	Das Buch der göttlichen Magie
227	Goldene Regeln für den Alltag
228	Einblick in die unsichtbare Welt
229	Der Weg der Stille
230	Die Himmlische Stadt – Kommentare zur Apokalypse
231	Saaten des Glücks
232	Feuer und Wasser - Wunderkräfte der Schöpfung
233	Eine Zukunft für die Jugend
234	Die Wahrheit, Frucht der Weisheit und der Liebe
235	Im Geist und in der Wahrheit - Wie finde ich zu Gott
236	Weisheit aus der Kabbala
237	Das kosmische Gleichgewicht - Die Zahl 2
238	Der Glaube versetzt Berge
239	Die Liebe ist größer als der Glaube
240	Söhne und Töchter Gottes
241	Der Stein der Weisen
242	Unerschöpfliche Quellen der Freude
243	Das Lächeln des Weisen
244	Dem Licht entgegen

Vom selben Autor:
Reihe Stani

Omraam Mikhaël Aïvanhov hat in seinen Vorträgen viele praktische Übungen und Methoden empfohlen, die den Menschen helfen, ihren Alltag sinnvoll zu bereichern. Diese Übungen sind erprobt, wirksam, einfach und leicht im Alltag integrierbar. Ihr Ziel ist es, die Gesundheit von Körper, Seele und Geist des Menschen zu fördern und ihn in seiner Weiterentwicklung zu unterstützen. Die Bücher enthalten anschauliche Farb-Abbildungen, Fotos, Tabellen und Diagramme, welche das Verständnis und die Umsetzung der Übungen noch erleichtern.

905	Die Gymnastik-Übungen – Sinn, Ablauf und Entsprechung zu heiligen Symbolen (mit DVD)
906	Erhebende Gedanken – Die Meditation
907	Das Licht und die Farben – Kräfte der Schöpfung
908	Vom Sinn des Betens – Erklärung und Gebete

Außerhalb der Buchreihe Stani empfehlen wir Ihnen auch noch Band 13 der Buchreihe Gesamtwerke »Die Neue Erde – Anleitungen, Übungen, Sprüche, Gebete«. Dieses Buch enthält Übungen zu weiteren Gebieten des täglichen Lebens.

Reihe »Gedanken für den Tag«

Das Taschenbuch »Gedanken für den Tag« enthält für jeden Tag des Jahres ein Zitat von Omraam Mikhaël Aïvanhov als geistige Anregung und Begleiter für den Alltag. Es ist eine gute Meditationshilfe und auch als Geschenk bestens geeignet. Das Buch erscheint jährlich mit neuen Texten und ist einer unserer Bestseller. Ausgaben aus vergangenen Jahren sind ebenfalls noch erhältlich.

Auf unserer Internet-Seite können Sie alle Tagesgedanken ab dem Jahr 2005 lesen (www.prosveta.de, www.prosveta.ch, www.prosveta.at). In diesen mehr als 7.000 Tagesgedanken können Sie mit Hilfe der Suchfunktion nach Themen oder Begriffen Ihrer Wahl suchen.

Biografien und Bildbände

200	Hommage an Meister Peter Danov
901	Kurzbiografie »Die schöne Geschichte von einem Meister«
902	Licht am Horizont – Die ersten Schüler von Omraam Mikhaël Aïvanhov erzählen
903	Biografie »Der Weg des Lichtes«
904	Das Geheimnis des Lichts: Leben und Lehre von Omraam Mikhaël Aïvanhov (nur als E-Book)
909	Autobiografie – Band 1
917	Der spirituelle Sinn der Musik (R. Soubeyran)
940	Bildband O. M. Aïvanhov
941	Die Botschaft der Blumen
942	Die Sterne: Was sie uns lehren

E-Books

Die meisten Bücher von Omraam Mikhaël Aïvanhovs sind auch als E-Book erschienen.

Die E-Books sind in verschiedenen Formaten erhältlich und auf jedem E-Reader lesbar. Sie stehen bei weltweit fast 1.000 Handelspartnern zum Download bereit, z. B. bei:

Amazon
Apple
Thalia
Hugendubel
Osiander
Orell Füssli
Buchhandel.de
Legimi
Kobo
Ebook.it

und vielen weiteren…

Fremdsprachige Bücher

Bücher von Omraam Mikhaël Aïvanhov sind in mehr als 30 Sprachen erschienen. Weitere Informationen finden Sie bei www.prosveta.de/informationen/bestelladressen.

Verlage und Auslieferungen

FRANKREICH (Hauptverlag)

Editions Prosveta S.A. – 1277, Av. Jean Lachenaud – 83600 Fréjus
Tel. 04 94 19 33 33, contact@prosveta.fr, www.prosveta.fr

Auslieferungen international:

AUSTRALIEN

PROSVETA AUSTRALIA
108 Grand Ocean Boulevard
Port Kennedy WA 6172
Tel. (61) 8 9594 1145
prosveta.au@aapt.net.au

BELGIEN UND LUXEMBURG

PROSVETA BENELUX
Chaussée de Merchtem 123
1780 Wemmel
Tel. (32) 2 460 108 53
prosveta@skynet.be,
www.prosveta.be

BENIN

ETS Evera-Librairie
Abomey-Calavi
Tel. +229 977 759 50
etsevera@gmail.com

BOLIVIEN

VIRGINIA BELTRÁN
Reemanso 2 Núrnero
9080 Santa Cruz – Bolivia
mavibel@gmail.com

CHILE

AGRUPACIÓN VEHADI
Paula González Morel
Tel. +56 982 948 670 / 998 901 258
vehadi.chile@gmail.com

DEUTSCHLAND

PROSVETA VERLAG GMBH
Grabenstr. 14, 78661 Dietingen
Tel. +49 7427 3430
kontakt@prosveta.de
www.prosveta.de

ENGLAND UND IRLAND

PROSVETA, THE DOVES NEST
Duddleswell Uckfield
East Sussex TN 22 3JJ
Tel. (44) (01825) 712 988
orders@prosveta.co.uk
www.prosveta.co.uk

GABUN

Librairie Tiphéret
BP 1554www.pyrinoskosmos.gr
Libreville
Tel. +241 662 241 35
a.dirat@gabontelecom.ga

GRIECHENLAND

PYRINOS KOSMOS
Egeou 29 – Koropi
G-19400 Athens Attica
Tel. +30 210 360 28 83

HAITI

PROSVETA DÉPÔT HAITI
Angle rue Faustin 1er
et rue Bois Patate #25 bis
6110 Port-au-Prince
rbaaudant@yahoo.com

INDIEN

VIJ BOOKS
2/19 Ansari Road, Darya Ganj
New Delhi 110 002
www.vijbooks.com
vijbooks@rediffmail.com
Tel.: + 91-11-43596460 / 1147340674

BOOK MEDIA (MALAYALAM)
Coondacherry P.O.
Pala, 686579 Kottayam - Kerala
Tel. (+91) 94 47 53 62 40

ISRAEL

prosveta.il@hotmail.com
Hadkeren Publishing House
PO Box 8426
6 108 301 Tel-Aviv – Jaffa
info@hadkeren.co.il
www.hadkeren.co.il

ITALIEN

PROSVETA COOP. A R.L.
Casella Postale 55
06068 Tavernelle (PG)
Tel. (39) 075-835 84 98
prosveta@tin.it, www.prosveta.it

KAMERUN

Librairie Bibliothèque, Vera Book Center
Yaoundé au Carrefour MEEC
BP 17506 Etétak – Yaoundé
Tel. +237 699 959 044 / 694 546 116
verabookcenter@gmail.com

KANADA

PROSVETA INC.
3950 Albert Mines – Canton de
Hatley – (QC) J0B 2C0
Tel. +1 819 564 82 12
prosveta@prosveta-canada.com
www.prosveta.ca

KOLUMBIEN

PROSVETA COLOMBIA
Calle 174 Número 54B
50 Interior 6
Villa del Prado – Bogotá
Tel. (57 1) 6 14 53 85
Tel. 6 72 16 89
Mobil: (57) 311 8 10 25 42
prosveta.colombia@hotmail.com

KONGO

Librairie Providence
19 Rue Maleke Moukondo
(Mfilou)
Brazzaville
Tel. +242 066 193 927
librairieprovidence2021@gmail.com

LETTLAND

Cilveka Pasatjaunosanas, biedriba
Ravija Astahova
Anniņmuižas bul. 43 – 135
Riga, Latvija LV-1069
Tel. +371 292 93298
ravija@inbox.lv

LIBANON

PROSVETA LIBAN
P.O. Box 90-995
Jdeitet-el-Metn, Beirut
Tel. (03) 448560
prosveta_lb@terra.net.lb
www.prosveta-liban.com

LITAUEN

LEIDYKLA MIJALBA
Gedimino G 26 B – 44319 Kaunas
Tel. 370.687 8760
info@mijalba.com
www.mijalba.com

NEUSEELAND

PROSVETA NEW ZEALAND LTD
49 Stottholm Road
Titirangi 0604
Aotearoa New Zealand
Tel. +64 686 727 89 / +64 220 212 414
johnson.susan34@gmail.com
www.oma-books.co.nz

NIEDERLANDE

STICHTING PROSVETA
NEDERLAND
t.a.v. K. Laan
Zeestraat 50
2042 LC Zandvoort
Tel. +31 235 716 473
laan@prosveta.nl, www.prosveta.nl

NORWEGEN

PROSVETA NORDEN
Postboks 150 Sentrum
N-0102 Oslo
Tel. (47) 90 27 43 33
info@prosveta.no, www.prosveta.no

ÖSTERREICH

HARMONIEQUELL VERSAND
Ulmenweg 8, A 5302 Henndorf
Tel. und Fax +43 6214 7413
info@prosveta.at, www.prosveta.at

PERU

Contact Prosveta
Viviana Hermosa Mattos
Tel. + 51 999 355 919
vivihermosa@gmail.com

POLEN

Księgarna – Galeria Nieznany Świat
ul. Kredytowa 2, 00-062 Warszawa
tel. +48 827-93-49, www.nieznany.pl

PORTUGAL

PUBLICAÇÕES MAITREYA
4100 - 027 Porto
flora@publicacoesmaitreya.pt

RUMÄNIEN

EDITURA PROSVETA SRL
Str. N. Constantinescu 10
Bloc 16A – sc A
Apt. 9 Sector 1, 71253, Bucarest
Tel. +4 072 770 59 17
prosveta_ro@yahoo.com
www.prosveta.ro

RUSSLAND

EDITIONS PROSVETA
Elena Jitniouk
ul. Partizanskaya, d.22, kv. 87
Moskow 121351
Tel. +8 903 795 70 74
prosveta@prosveta.ru,
www.prosveta.ru

SCHWEIZ

ÉDITIONS PROSVETA
Société coopérative
Chemin de la Céramone 13
1808 Les Monts-de-Corsier
Tel. +41 21 921 92 18
prosveta@prosveta.ch
www.prosveta.ch

SERBIEN

EDITION BABUN D.O.O.
Ana Bešlić, Tel. +381653193913
babun.info@gmail.com

Izdavačko Preduzeće Paleja D.o.o
(Editions Paleja), Željko Mojsilović
Put za Trešnju 1. deo br. 9, Ripanj
Beograd, Tel. +381 653 433 857
info@svetlostknjige.com

SPANIEN

ASOCIACION PROSVETA
ESPAÑOLA
C/ Diputacio, 385 local bajos 2
SP-08013 Barcelona
Tel. (+34) (93) 412 31 85
aprosveta@prosveta.es
www.prosveta.es

TSCHECHISCHE REPUBLIK

PROSVETA
Ant. Sovy 18
370 05 České Budějovice
Tel. +420 723 581 030
prosveta@iol.cz / info@omraam.cz
www.omraam.cz

TOGO

Le Livre SARL
Rue Kedjessinawe Tokoin Novissi
BP 1723 - Lomé Togo
Tel. +228 900 483 73
Tel. +228 982 959 58
lelivre1@yahoo.fr

TÜRKEI

Hermes Yayinlari
hermeskitap@gmail.com
www.hermeskitap.com

USA

WELLSPRING OF LIFE
404 N Mount Shasta Blvd # 320
Mount Shasta CA 96067, USA
Tel. +1 530 918 33 91
wellspringsoflife@mail.com
www.prosveta-usa.com

VENEZUELA

PROSVETA VENEZUELA C. A.
Multicentro Empresarial Maca-
racuay
Piso 5 Oficina 3
Caracas D. C.
Código postal 1061
Tel. +58 412 904 89 94 / +58 414 134 75 34
prosvetavenezuela@gmail.com
www.prosvetavenezuela.com

Auslieferungsadressen für weitere Länder finden Sie unter
www.prosveta.de/informationen/bestelladressen

Wenn Sie sich für Veranstaltungen interessieren, in denen die Lehre von Omraam Mikhaël Aïvanhov vertieft werden kann, wenden Sie sich bitte an eine der folgenden Adressen:

Deutschland
UWB e.V.
www.aivanhov.de, info@aivanhov.de

Schweiz
FBU, Chemin de la Céramone 13, 1808 Les-Monts-de-Corsier
Telefon 021 925 40 80, www.videlinata.ch

Österreich
UWB, Telefon 01 27 698 32
Internet: www.uwb.at, E-Mail: info@uwb.at